名作の朗読で学ぶ
美しい韓国語

発音と読解

張銀英 著

スリーエーネットワーク

©2011 by Chang Eunyoung

All rights reserved. No part of this publication may be reproduced, stored in a retrieval system or transmitted in any form or by any means, electronic, mechanical, photocopying, recording, or otherwise, without the prior written permission of the Publisher.

Published by 3A Corporation.
Shoei Bldg., 6-3, Sarugaku-cho 2-chome, Chiyoda-ku, Tokyo 101-0064, Japan

ISBN978-4-88319-559-6 C0087

First published 2011
Printed in Japan

本書について

　本書は、中級レベル以上の方を対象に、韓国で親しまれている名作の朗読を通して、韓国語の美しい発音と読解力を身につけることを目的に作成されました。

Ⅰ　構　成

　3章から成る本文と、発音のルール、CD(1枚)から構成されています。本文には、朗読文とその日本語訳、「発音のポイント」、「発音チェック」、「語句」があります。(詩調・詩には、「発音のポイント」、「発音チェック」、「語句」はありません。)

本文

1．朗読文
　文学作品・散文、詩調・詩から、韓国でよく知られている作品、および、ニュースを取り上げています。朗読文には、長母音と発音記号（一部）を表示しています。

1）長母音の表示
　ハングルの母音は、単語によって長く発音されることがあり、これを長母音と呼びます。長母音の記号は通常表示されませんが、本書では、文字の上には「－」を、発音表記には「：」をつけ、長母音を表しています。長母音は、無理に覚えようとするより、意識して読むことにより、自然な発音が身につきます。

2）発音記号の表示
　注意が必要な発音については、変化した発音を示しています。数字のついているものは、「発音のポイント」で取り上げている発音です。番号は「発音のポイント」と対応しています。

本書について

2．日本語訳

　朗読文の韓国語と対応させながら理解できるように、原則として意訳は避けましたが、直訳すると日本語として不自然になり意味がつかめないような場合は、意訳しました。

3．発音のポイント

　特に注意が必要な発音の変化について、三つずつ取り上げ解説しています。より詳しい解説は、巻末の「発音のルール」を参照できるよう、参照箇所を表示しています。

4．発音チェック

　本文で練習した発音を確認する練習です。CDを聞いて発音どおりにハングルで書きます。

5．語句

　難易度の高い語句・表現や、韓国の地名・人名について解説しています。語句・表現については、分解してその成り立ちを示し、どうしてそのような意味になるのかを具体的に示しています。なお、語句の隣に〔　　　〕で示している漢字の表記には、原則として通用字体を用いています。

発音のルール

　発音の変化についてまとめたものです。本文中に出てきた発音の変化について、理解を深める際にご参照ください。

CD

　韓国で活躍中のアナウンサー（男女1名ずつ）による収録です。聞きやすさを重視し、ナチュラルスピードよりやや遅めのスピードで朗読しています。朗読文、および、「発音のポイント」と「発音チェック」で取り上げている語が収録されています。詩調・詩は、朗読のみのものと、鑑賞用に音楽を入れたものの二つを収録しました。朗読文の収録時間は、CDマークの下に表示してあります。

Ⅱ　練　習　方　法

　本書は、発音練習にも読解練習にもお使いいただけます。

A：発音練習を主に行う場合
  1. まず、朗読文を聞きます。特に発音の変化に注意して聞きます。
  2. 日本語訳や「語句」を参照し、朗読文の意味を把握します。
  3.「発音のポイント」で、特に注意する発音を練習します。
  4. 朗読文の後について、発音の変化に注意しながら、滑らかに読めるようになるまで練習します。
  5. 発音チェックで、発音の変化について確認をします。

B：読解練習を主に行う場合
  1. まず、朗読文を見ながらCDを聞きます。
  2. 次に、朗読文を日本語に訳します。わからない語句は「語句」を参照しながら辞書などで調べます。内容を適切に理解できているか、日本語訳を見て確認します。
  3. 内容が理解できたら、「発音のポイント」で、特に注意する発音を練習します。
  4. CDの後について、滑らかに読めるようになるまで、朗読の練習をします。
  5. 発音チェックで、発音の変化について確認をします。

目次

本書について

第1章　文 学 作 品・散 文

1. 노희경이 표민수에게 (ノ・ヒギョンからピョ・ミンスへ)　　　　　2
　　　　　　　　　　　　　　　　　　　ノ・ヒギョン／手紙
2. 표민수가 노희경에게 (ピョ・ミンスからノ・ヒギョンへ)　　　　18
　　　　　　　　　　　　　　　　　　　ピョ・ミンス／手紙
3. 괜찮아 (大丈夫)　　　　　　　　　　張英姫／エッセイ　　　34
4. 나의 소원 (私の念願)　　　　　　　　金九／自叙伝　　　　54
5. B 사감과 러브레터 (B 舎監とラブレター)　玄鎭健／小説　　　66

第2章　ニ ュ ー ス

1. '하회·양동마을' 세계문화유산 등재　　　　　　　　　　　92
　　('河回・良洞村' 世界文化遺産登録)
2. 서울 지하철 2 호선 2 시간 넘게 '마비'　　　　　　　　　　96
　　(ソウル地下鉄 2 号線 2 時間以上 '麻痺')
3. 주말까지 열대야, 무더위 계속　　　　　　　　　　　　　100
　　(週末まで熱帯夜、蒸し暑さ続く)
4. 내일 중부·경북 내륙 한파주의보　　　　　　　　　　　　104
　　(明日、中部・慶北内陸、寒波注意報)

第3章　詩調・詩

詩調

　1. 아버님 날 낳으시고〈父上は私を生み〉　　鄭　澈　　110

　2. 동짓달 기나긴 밤을〈霜月の長い夜を〉　　黃眞伊　　112

　3. 한 손에 막대 잡고〈片手には棒を持ち〉　　禹　倬　　114

　4. 태산이 높다 하되〈泰山高しと言えども〉　　楊士彦　　116

詩

　5. 서시〈序詩〉　　尹東柱　　118

　6. 엄마야 누나야〈母さん姉さん〉　　金素月　　120

　7. 진달래꽃〈つつじの花〉　　金素月　　122

　8. 산유화〈山有花〉　　金素月　　124

　9. 꽃〈花〉　　金春洙　　126

　10. 행복〈幸福〉　　柳致環　　128

発音のルール　　134

第 1 章

文学作品・散文

1 노희경이 표민수에게

노희경
手紙

発音に注意してCDを聞きましょう。次に、CDの後についてリピートしましょう。

PART. 1

　만나자마자 가방부터 받아 주는 버릇은 여전하군요. ①당신의 이런 모습에 번번이 감동하고 있다는 말을 해 준 적이
[당시네]
있던가요.
[읻떤가요]

　요즘도 가끔 우리의 첫 만남을 떠올립니다. 1996(천구백
[천만남]　　　　　　　　　　　　　　[천구백
구십육)년 나문희 선생님의 소개로 우리 둘이 처음 만났던
꾸심늉년]　　[나문히]　　　　　　　　　　　　　　[만낟떤]
그때, 내 나이 꼭 서른이었죠. 그러고 보니, 당신은 내게 서른에
　　　　　　　　　[서르니얻쪼]
보내진 선물인 셈이군요.

　지금도 그날을 생각하면 쿡 웃음부터 납니다. 너무도
세련되고 깔끔해서 ②내 '과' 가 아니라고 생각하고 있던 참이
　　　　　　　　　　　　[내꽈]　　　　　　[생가카고]
었는데, 당신의 입에서 튀어나오는 건 뜻밖에도 촌스런 경상도
　　　　　　　　　　　　　　　[뜯빠께도]　[촌ː쓰런]
사투리였죠. 그날, 술도 잘 못하는 우리들은 차 한 잔을 앞에
　　　　　　　　　　[모ː타는]
두고 참 많은 이야기를 나누었습니다. 무려 ③6 (여섯)시간
　　　　　[마ː는]　　　　　　　　　　　　　　　　[여섣씨간]
동안이나 말입니다.
[똥안]

ノ・ヒギョンからピョ・ミンスへ　　　　ノ・ヒギョン

PART. 1

　会うやいなや、かばんから持ってくれる癖は昔のままですね。あなたのそんな姿にいつも感動するということを、言ったことがあったかしら。

　近頃、時々私たちの最初の出会いを思い出します。1996年、ナ・ムンヒ先生の紹介で私たち二人が初めて会ったあの時、私の年はちょうど三十でした。考えてみると、あなたは三十の私に届けられた贈り物だったわけですね。

　今もあの日を思い出すと、思わず笑ってしまいます。とても粋でこぎれいなので私の‘科’ではないと思っていたら、あなたの口から飛び出したのは意外にも田舎くさい慶尚道なまりでした。あの日、お酒をあまり飲めない私たちはお茶1杯を前に、本当に多くの話をしました。実に6時間もですよ。

作者

노희경【ノ・ヒギョン】
1966年〜

ドラマの脚本家。家族中心の物語を暖かい視線で描く作品で知られ、熱烈なファンが多い。代表作に「거짓말　嘘(1998年)」、「우리가 정말 사랑했을까　私たちは本当に愛したのだろうか〈邦題：愛の群像〉(1999年)」、「꽃보다 아름다워　花より美しく(2004年)」、「굿바이 솔로　グッバイソロ(2006年)」など。

1. 노희경이 표민수에게

発音のポイント

① 당신의 ［당신에→당시네］
あなたの

所有格助詞「〜の」にあたる「의」は［에］と発音するので、「당신의」は［당신에］になります。　「의」の発音(3) p135

なお、パッチムの後に母音が続くと、パッチムは後続の初声に移って発音されるので、［당신에］は［당시네］になります。　連音化(1) p138

② 내 과 ［내꽈］
私の科

과科 건件 권券 자字 증症 など、特定の漢字は、他の語に後続すると発音が濃音になることがあります。　濃音化(6) p143

③ 여섯 시간 동안 ［여섣씨간똥안］
6時間の間

二つの単語をひとまとまりとして発音する場合、後の単語の第一音節が濃音で発音されることがあります。ここでは、後の単語の「동안」の平音「ㄷ」が濃音［ㄸ］に変わり、［똥］と発音されます。　濃音化(4) p143

発音チェック

CDを聞いて発音どおりにハングルで書いてみましょう。

1) 첫 만남　　　［　　　　　］　最初の出会い
2) 천구백구십육년［　　　　　］　1996年
3) 뜻밖에도　　　［　　　　　］　意外にも
4) 못하는　　　　［　　　　　］　できない〜
5) 많은　　　　　［　　　　　］　多くの

解答は次のページの下にあります ❯

4

語句

만나자마자	会うやいなや
	만나다 ＋ 자마자 会う　　　〜やいなや、〜するとすぐ

해 준 적이 있던가요	してあげたことがあったでしょうか
	해 주다 ＋ ㄴ 적이 있다 ＋ 던가요 してあげる　〜したことがある　〜たでしょうか

첫 만남	最初の出会い
	첫 ＋ 만남 最初の〜　出会い

나문희	〔羅文姫〕演技派女優。1941年生まれ。ドラマ〈내 이름은 김삼순　私の名前はキム・サムスン(2005)〉〈굿바이 솔로　グッバイソロ(2006)〉などに出演。

그러고 보니	すると
	그러고　　　　　　　　　　　＋　보니 그리하고(そうして)の縮約形　　　　みると

선물인 셈이군요	〔膳物−〕プレゼントであるわけですね
	선물이다 ＋ ㄴ 셈이다 ＋ 군요 プレゼントである　〜わけだ　〜ですね

생각하고 있던 참	思っていたところ
	생각하다 ＋ 고 있다 ＋ 던 ＋ 참 思う　　　〜している　過去回想連体形語尾　〜とき、ところ

촌스런−	〔村−〕田舎くさい〜　촌스러운の話し言葉
	촌스럽다〈ㅂ変則〉　　＋　은 田舎くさい　　　　　　　現在連体形語尾

1)［천만남］　2)［천구백꾸심늉년］　3)［뜯빠께도］　4)［모ː타는］　5)［마ː는］

1. 노희경이 표민수에게

PART. 2

그때 나눈 이야기들은 그대로 에이즈 환자의 사랑과 상처를
[환:자에]
그린 〈아직은 ④사랑할 시간〉이라는 단막극이 되었지요.
　　　　　　[사랑할씨간]　　　　　　　[단막끄기]

　처음 만난 사람들끼리, ⑤앉은 자리에서 대본 하나를 다 써낸
　　　　　　　　　　　　[안즌]
겁니다.

　그때 당신이 내게 물었던 말을 지금도 생생히 기억합니다.
　　　　　　　　　[무럳떤]　　　　　　　　　　[기어캄니다]
남편이 에이즈에 걸렸을 때 아내는 그 남편과 잘까요? 그 질문은

너무 무겁고 또 너무 새로워서 나를 긴장시켰습니다. 다음
　　　[무겁꼬]
스토리를 어떻게 이어 갔으면 좋겠냐는 질문 대신, ⑥계속해서
　　　　　[어떠케]　　　　　　[조:켄냐는]　　　　　　　[게:소캐서]
'당신이라면'으로 시작되는 것들을 물어 댔죠. 대답을 하고
　　　　　　　　　[시:작뙤는]
나면 다시 '왜'라는 질문이 돌아오고, 그런 식으로 우리는

이야기를 잇고 또 이었습니다.
　　　　[읻:꼬]

　생각해 보면, '참 잘 끼운 첫 단추'였다는 생각이 듭니다.
　　[생가캐보면]　　　　　　　[첟딴추]
그날부터, '이야기를 어떻게 만들까'보다 '인간은 뭐고 사랑은

뭘까' 그런 이야기를 더 많이 나눠 온 것 말이에요.
　　　　　　　　　　　[마:니]　　　[걷]

6

PART. 2

あの時出た話は、そのままエイズ患者の愛と傷を描いた〈まだ恋する時間〉という単発ドラマになりましたね。

初めて会った者同士でその場で台本1本を書き上げたのでした。

あの時あなたが私に訊いたことを、今でも鮮明に覚えています。夫がエイズにかかった時、妻はその夫と寝るのでしょうか。その質問はとても重く、またあまりに新しくて、私を緊張させました。次のストーリーをどういうふうに続けたらいいだろうかという質問の代わり、立て続けに'あなたなら'で始まる質問をし続けましたね。返事をすると再び'なぜ'という質問が返ってくる、そんなふうに私たちは話をずっと続けました。

考えてみると、'とても上手くかけた最初のボタン'だったという気がします。その日から'話をどう作るか'より'人間は何であり、愛は何なのか'そのような話をもっとたくさんしてきたんですものね。

発音のポイント

④ 사랑할 시간 ［사랑할씨간］
恋する時間

「하다」の未来連体形「할」の後に来る平音「ㅅ」は濃音 [ㅆ] に変わり、［씨］と発音されます。

濃音化(2)
p142

⑤ 앉은 ［안즌］
座った〜

2文字のパッチム「ㄵ」に母音が続くと左側のパッチム「ㄴ」を発音し、右側のパッチム「ㅈ」は後続の初声に移って［즌］と発音します。

連音化(2)
p138

⑥ 계속해서 ［게:소캐서］
続けて

「혜, 계, 폐」など「예, 례」以外の「ㅖ」は［ㅔ］と発音されるので、「계」は［게］と発音します。

「ㅖ」の発音(1)
p135

また、「속」のパッチム「ㄱ」と後に続く「해」の「ㅎ」が結合して激音［ㅋ］に変わり、［캐］と発音されます。

激音化
p139

発音チェック

CDを聞いて発音どおりにハングルで書いてみましょう。

1) 물었던　　　［　　　　　］　聞いた〜
2) 기억합니다　［　　　　　］　覚えています
3) 어떻게　　　［　　　　　］　どういうふうに
4) 좋겠냐는　　［　　　　　］　よいだろうかという
5) 첫 단추　　　［　　　　　］　最初のボタン

解答は次のページの下にあります ▶

語句

| 〈아직은 사랑할 시간〉 | 〔− 時間〕〈まだ恋する時間〉ドラマ最高の名コンビと言われる脚本家ノ・ヒギョンと演出家ピョ・ミンスが初めてコンビを組んだ、1997年にKBSで放映されたドラマ。 |

| 단막극 | 〔単幕劇〕単発ドラマ |

| 앉은 자리에서 | その場で、即座に |

앉다 + 은 + 자리 + 에서
座る　　過去連体形語尾　　場所、席　　〜で

| 새로워서 | 新しくて、新鮮で |

새롭다〈ㅂ変則〉 + 어서
新しい　　　　　　〜くて

| 긴장시켰습니다 | 〔緊張−〕緊張させました |

긴장 + 시키다 + 었습니다
緊張　　〜させる　　〜ました

| 좋겠냐는 − | よいだろうかという〜 |

좋다 + 겠 + 냐는
よい　推量の補助語幹　〜かという

| 물어 댔죠 | 訊き続けましたね |

묻다〈ㄷ変則〉 + 어 대다 + 었죠
訊く　　　　　〜したてる、〜しつづける　〜ましたね

| 생각이 듭니다 | 思いがします |

생각이 들다〈ㄹ語幹〉 + ㅂ니다
思いがする　　　　　　　〜ます

| 나눠 온 것 말이에요 | 交わしてきたことですよ |

나누다 + 어 + 오다 + ㄴ + 것 + 말이에요
交わす　連用形語尾　来る　過去連体形語尾　こと　〜ですよ
　　　　　　　　　　　　　　　　　　　　　　　　(語調を整えたり注意を引く語)

1) [무럳뗜]　2) [기어캄니다]　3) [어떠케]　4) [조:켇냐는]　5) [천딴추]

9

1. 노희경이 표민수에게

PART. 3

그 숱한 '수다'가 아니었다면 일상의 사소한 감동을 드라마에
[수탄]

녹여 내는 길에 우리는 끝내 이르지 못했을지도 모릅니다. 이런
[끈내]   [모:태쓸찌도]

고백 쑥스럽지만, 당신은 내게 '등대' 같은 친구입니다. 내가 뭘

발견해 내고 그걸 본 내 눈이 ⑦옳았는지를 물으면 언제나 최선을
[오란는지를]

다해 '판결'해 줌으로써, 내가 걷는 길을 환하게 밝혀줬잖아요.
[건:는]   [발켜줟짜나요]

기왕에 낯간지러운 말을 시작한 김에, 당신을 참 아름다운
[낟깐지러운]   [시:자칸]

⑧연출자로 생각한다는 고백까지 해 둡니다. 우리의 정신이나
[연:출짜] [생가칸다는]

육체를 대변하는 게 연기자와 스태프라는 걸 너무 잘 아는

당신은 절대로 사람 위에 ⑨군림하지 않아요. 아무리 사소한
[절때]   [굴림]   [아나요]

일이라도 그것을 움직이는 모두의 역할을 동등하게 인정하는
[여카를]

모습이 늘 보기 좋습니다. 사람을 사랑할 줄 아는 사람과 함께
[조:씀니다]   [줄]

일할 때의 기쁨만한 것이 세상 어디에 또 있는지 나는 알지
[인는지]

못합니다.
[모:탐니다]

PART. 3

　そのたくさんの'おしゃべり'がなかったら、日常の些細な感動をドラマに溶け込ませるところまで、私たちは遂にたどり着くことができなかったかもしれません。こんな告白をするのは照れくさいけれども、あなたは私にとって'燈台'のような友達です。私が何かを見つけ出して、それを見た私の目が正しかったのかを訊けば、いつも最善をつくして'判決'してくれることによって、私の歩く道を明るく照らしてくれましたからね。

　どうせ面映ゆいことを言い出したついでに、あなたを本当に美しい演出者だと思っているという告白もしておきます。私たちの精神や肉体を代弁するのが演技者やスタッフだということを、とてもよく分かっているあなたは、絶対に人の上に君臨することはしません。いくら些細なことでも、それを動かす皆の役割を同等に認める姿はいつも素敵に見えます。人を愛することができる人と一緒に働く時の喜びほどのものが、世の中で、ほかにまたあるのか私は知りません。

1. 노희경이 표민수에게

発音のポイント

⑦ 옳았는지를 ［올았는지를→오랁는지를→오란는지를］
正しかったのかを
「옳」のパッチム「ㄶ」は、次に母音が来ると、左側のパッチム「ㄹ」が終声として発音されます。右側のパッチム「ㅎ」は、後続の初声に移って発音されますが、後に母音が続くと、「ㅎ」は発音されません。

連音化(2)(4)
p138

⑧ 연출자 ［연ː출짜］
演出者
漢字語において、パッチム「ㄹ」に続く平音「ㅈ」は濃音［ㅉ］に変わり、［짜］と発音されます。

濃音化(3)
p142

⑨ 군림 ［굴림］
君臨
군のパッチム「ㄴ」は、「ㄹ」の前では［ㄹ］と変わるので、「군」は［굴］と発音されます。

流音化(1)
p140

発音チェック

CDを聞いて発音どおりにハングルで書いてみましょう。

1) 끝내　　　　［　　　　　］　遂に
2) 낯간지러운　［　　　　　］　面映ゆい〜
3) 시작한　　　［　　　　　］　始めた〜
4) 절대　　　　［　　　　　］　絶対
5) 좋습니다　　［　　　　　］　いいです

解答は次のページの下にあります ❯

語句

| 숱한 - | たくさんの〜、多い〜 |

숱하다 + ㄴ
多い　　　現在連体形語尾

| 녹여 내는 - | 溶かしきる〜 |

녹이다 + 어 내다 + 는
溶かす　　〜しきる、〜し抜く　現在連体形語尾

| 못했을지도 모릅니다 | できなかったかもしれません |

못하다 + 였을지도 모르다 + ㅂ니다
できない　〜したかもしれない　　〜ます

| 해 줌으로써 | してくれることによって |

해 주다 + ㅁ + 으로써
してくれる　名詞化する語尾　〜によって、〜をもって

| 낯간지러운 - | 面映ゆい〜 |

낯간지럽다〈ㅂ変則〉 + 은
面映ゆい　　　　　　現在連体形語尾

| 시작한 김에 | 〔始作-〕　始めたついでに |

시작하다 + ㄴ 김에
始める　　　〜したついでに

| 사랑할 줄 아는 - | 愛することのできる〜 |

사랑하다 + ㄹ 줄 알다〈ㄹ語幹〉 + 는
愛する　　　〜することができる　現在連体形語尾

| 기쁨만한 것이 | 喜びに値するものが |

기쁨 + 만하다 + ㄴ + 것이
喜び　　〜に値する　現在連体形語尾　ものが

1)〔끈내〕　2)〔낟깐지러운〕　3)〔시ː자칸〕　4)〔절때〕　5)〔조ː씀니다〕

1. 노희경이 표민수에게

PART. 4

　뿐인가요, 화면 자체의 아름다움에 눈이 멀어, 화면 안에서 어떻게 하면 인물의 감정을 제대로 살릴 수 ⑩있는지를 고민하지
[어떠케]　　　　　　　　　　　　　　　　　　　[쑤]　[인는지를]
않는 '우'를 당신은 한 번도 범하지 않았지요.
[안는]　　　　　　　　　　　　　[아낟찌요]
　함께 작업하지 않을 때도 자주 통화하던 우리였습니다. 지난해
　　　　　　　　　[자거파지] [아늘]
당신이 연출했던 〈푸른 안개〉를 보고 '나와 함께할 땐 보여 주지 않았던 것들이 보인다'고 했던 것은 ⑪괜한 ⑫말이 아니었어요.
[아낟떤]　　　　　　　　　　　　　　　　[괜:한/괘:난][말:]
솔직히 당신의 연출 감각을 누구보다 믿고 좋아하는 내게도
[솔찌키]　　　　　　　　　　　　　　　　　　　[조:아하는]
한 가지 불만은 있었답니다. 감정이 디테일한 데 반해 너무
　　　　　　　　　[이썯땀니다]
템포감이 없다고 생각한 적이 많았는데, 그 작품에선 바로 그
　　　　　　[업:따고]　　　　[마:낟는데]
템포감이 느껴지더군요.

　각오해요. 이번 〈고독〉에서 그 '덕'을 톡톡히 볼 생각이니까요.
　　　　　　　　　　　　　　　　　[톡토키]

　　　　　　　　　　　지금 사랑하지 않는 자, 모두 유죄 「노희경」
　　　　　　　　　　　　　　　── 〈헤르메스미디어〉 2008년

PART. 4

　それだけではありません。画面そのものの美しさに目がくらんで、画面の中でどうすれば人物の感情をきちんと生かせるかを悩まない'ミス'を、あなたは一度も犯しませんでしたね。

　一緒に作業をしていない時でもよく電話で話した私たちでした。去年あなたが演出した〈青い霧〉を見て、'私と一緒の時には見せてくれなかったものが見られる'と言ったのは、いいかげんに言ったのではありません。正直に言って、あなたの演出感覚を誰より信頼し愛している私にも、一つ不満はあったのです。感情を繊細に描くのに対して、テンポがあまりないと思ったことが多かったけれども、あの作品ではまさにそのテンポが感じられました。

　覚悟してください。今度の〈孤独〉では、その'恩恵'をたっぷり受けるつもりですからね。

　　　　　　　　　　　今愛していない人、全員有罪「ノ・ヒギョン」
　　　　　　　　　　　　　──〈ヘルメスメディア〉2008年

発音のポイント

⑩ 있는지를 [잍는지를→인는지를]
あるかを

있のパッチム「ㅆ」は代表音[ㄷ]と発音されるので[잍]になります。パッチム[ㄷ]は、後に鼻音の「ㄴ」が続くと鼻音の[ㄴ]に変わるので、[잍]は[인]と発音されます。

鼻音化(1)
p140

⑪ 괜한 [괜:한/괜:한→괜:안→괘:난]
余計な、無駄な

パッチム「ㄴ」の後に来る「ㅎ」は、自然の速さで話すと弱くなるか発音されなくなります。しかし、正確にゆっくり発音するときには「ㅎ」は発音されます。

ㅎ音の弱音化
p139

⑫ 말 [말:]
言葉、話

同音異義語において、母音の長短は意味を区別するのに重要な役割をします。말:(言葉)など使う頻度の高い単語は、長母音を意識して発音するとよく伝わります。
(次の例は上の単語が長母音です。)

말: 言葉　　밤: 栗　　눈: 雪
말　馬　　　밤　夜　　눈　目

長母音について
p145

発音チェック

CDを聞いて発音どおりにハングルで書いてみましょう。

1) 작업하지 않을　[　　　　　]　作業しない〜
2) 솔직히　　　　[　　　　　]　正直に
3) 좋아하는　　　[　　　　　]　好きな〜
4) 없다고　　　　[　　　　　]　ないと
5) 많았는데　　　[　　　　　]　多かったけれど

解答は次のページの下にあります ❯

語句

살릴 수 있는지를	生かすことができるかを

살리다 + ㄹ 수 있다 + 는지를
生かす　～することができる　～なのかを

통화하던 ー	〔通話ー〕電話で話をしていた～

통화하다 + 던
電話で話す　過去回想連体形語尾

〈푸른 안개〉	〈青い霧〉 イ・グムリム脚本、ピョ・ミンス演出の2001年にKBSで放映されたドラマ。

보여 주지 않았던 ー	見せてくれなかった～

보이다 + 어 주다 + 지 않다 + 았던
見せる　～してくれる　～しない　過去回想連体形語尾

괜한 ー	余計な～、無駄な～

디테일한 데 반해	繊細に描くのに対して

디테일하다 + ㄴ데 + 반하다 + 여
ディテールなところまで描く　～のに　比べる、反する　～して

생각한 적이 많았는데	思ったことが多かったけれども

생각하다 + ㄴ 적이 + 많다 + 았 + 는데
思う　～したことが　多い　過去補助語幹　～だが

〈고독〉	〈孤独〉 ノ・ヒギョン脚本、ピョ・ミンス演出の2002年にKBSで放映されたドラマ。

덕을 볼 생각이니까요	〔徳ー〕恩恵を受けようと思っていますからね

덕을 보다 + ㄹ 생각이다 + 니까요
恩恵を被る　～しようと思う　～ですからね

1)［자거파지아늘］　2)［숟찌키］　3)［조ː아하는］　4)［업ː따고］　5)［마ː난는데］

2. 표민수가 노희경에게

표민수
手紙

発音に注意してCDを聞きましょう。次に、CDの後についてリピートしましょう。

PART. 1

　가방 좀 들어 준 거 갖고 그러지 말아요. 글 쓰느라 ①몇 날
[갇꼬]　　　　　　　　　　　　　　　　　　　　　　[면날]
며칠 지방에서 끙끙대고 온 사람을 위해 고작 그 정도밖에 해
　　　　　　　　　　　　　　　　　　　　　　　[바께]
줄 수가 없다는 게 오히려 미안한걸요.
　[쑤]

　처음 만난 날 생각은 나도 가끔 합니다. 어쩌면 사람의 눈이
　　　　　　　　　　　　　　　　　　　　　　　　　[사:라메]
저렇게 ②맑을까, 난 그렇게 생각했는데 당신은 내 사투리를
[저러케]　[말글까]　　　　　[생가캔는데]
듣고 웃었다니 좀 섭섭해집니다. 그때 우린 ③둘 다 신인이었습
　　[우섣따니]　　[섭써패짐니다]　　　　　[둘:]
니다. 나는 데뷔 준비 중이었고, 당신은 갓 두 편의 단막극을
끝냈지요. 말하자면, 우린 함께 성장해 온 겁니다.
[끈낻찌요]

　우리가 나눈 그 많은 이야기들을 어떻게 일일이 기억할까요?
　　　　　　　　　　　　　　　　[어떠케] [일리이] [기어칼까요]
〈거짓말〉촬영 때였을 겁니다. 사람들의 평판이 제법
[거:진말]　　　[때여쓸껌니다]
좋았지만, 남들의 칭찬(혹은 우리끼리의 자화자찬)을 '청산
[조:앋찌만]　[남드레]
가리'로 생각하기로 한 우리들은 그날도 반성해야 할 것들에
　　　[생가카기로]　　　　　　　　　　　　　　　　[걷뜨레]
대해 이야기를 시작했을 겁니다.
　　　　　　　[시:자캐쓸껌니다]

ピョ・ミンスからノ・ヒギョンへ

ピョ・ミンス

PART. 1

　かばんを持ってあげたことぐらいで、そんなこと言わないでください。台本を書くために、来る日も来る日も地方で苦労してきた人のために、せいぜいそれくらいしかしてあげることができないのが、むしろ申し訳ないです。

　初めて会った日のことは、私も時々思い出します。目がなんと清らかなのだろうと私はそう思ったのに、あなたは私のなまりを聞いて笑ったんですから、ちょっと恨めしくなります。あの時、私たちは二人とも新人でした。私はデビューの準備中だったし、あなたは２本の単発ドラマを終えたばかりでした。言うなれば、私たちは一緒に成長してきたのです。

　私たちがしたたくさんの話を、どうしたらすべて記憶することができるのでしょうか。

　〈嘘〉を撮影する時だったと思います。人々の評判は結構良かったけれど、他人の褒め言葉（あるいは自分たちの自画自賛）を'青酸カリ'だと考えることにして、私たちはあの日も反省するべきことについて話を始めたと思います。

作者

표민수【ピョ・ミンス】
1963年〜

ドラマの演出家。脚本家ノ・ヒギョンとのコンビで「거짓말 嘘（1998年）」「그들이 사는 세상 彼らが生きる世界（2008年）」などのドラマを作り、人気を博した。「바보 같은 사랑 馬鹿みたいな愛」は2000年、放送記者たちが選ぶ最高のドラマに選ばれた。2004年には「풀하우스 フルハウス」で高い視聴率を記録。

発音のポイント

① 몇 날 [멷날→면날]
幾日

「몇」のパッチム「ㅊ」は代表音[ㄷ]と発音されるので[멷]になります。[멷]のパッチム[ㄷ]は、後に鼻音の「ㄴ」が続くと、鼻音の[ㄴ]に変わり、[면]と発音されます。

鼻音化(1)
p140

② 맑을까 [말글까]
清らかなのか

「맑」のパッチム「ㄺ」は、次に母音が来ると、左側のパッチム「ㄹ」は終声として発音され、右側のパッチム「ㄱ」は後続の初声に移って発音されます。

連音化(2)
p138

③ 둘 [둘ː]
二人

固有数詞の 2 (둘), 3 (셋), 4 (넷) は長母音です。母音を長く発音すると、発音しやすく、はっきりと伝わります。

長母音について
p145

発音チェック

CDを聞いて発音どおりにハングルで書いてみましょう。

1) 섭섭해집니다　[　　　　　]　恨めしくなります
2) 끝냈지요　　　[　　　　　]　終えました
3) 기억할까요　　[　　　　　]　記憶するでしょうか
4) 거짓말　　　　[　　　　　]　嘘
5) 생각하기로　　[　　　　　]　思うことに

解答は次のページの下にあります ▶

語句

들어 준 거 갖고 — 持ってあげたことで
들다 + 어 주다 + ㄴ + 거 + 갖고
持つ　～してあげる　過去連体形語尾　こと　～で、～でもって

그러지 말아요 — そう言わないでください
그러다 + 지 말다 + 아요
そう言う　～するのをやめる　～てください

쓰느라 — 書くために
쓰다 + 느라
書く　～するのに、～のために

몇 날 며칠 — 来る日も来る日も

끙끙대고 — 苦労して
끙끙대다 + 고
うんうんうなる　～して

웃었다니 — 笑ったなんて
웃다 + 었 + 다니
笑う　過去補助語幹　～だなんて

섭섭해집니다 — 恨めしくなります、心寂しくなります
섭섭하다 + 여지다 + ㅂ니다
心寂しい　～くなる　～ます

때였을 겁니다 — 時だったと思います
때 + 이다 + 었 + 을 겁니다　（옜은 이었의 縮約形）
時　～である　過去補助語幹　～でしょう

〈거짓말〉 — 〈嘘〉　1998年に KBS で放映されたドラマ

생각하기로 한 – — 思うことにした～
생각하다 + 기로 하다 + ㄴ
思う　～することにする　過去連体形語尾

1) [섭써패집니다]　2) [끈낻쩌요]　3) [기어칼까요]　4) [거ː진말]　5) [생가카기로]

PART. 2

앙카라공원 벤치였죠. ④저녁 무렵에 이야기를 시작했는데,
[저녕무렵]

동편으로 훤하게 동이 터 오는 걸 보고 참 많이 황당했잖아요.
[마:니]

〈바보 같은 사랑〉 때는 시놉시스 단계에서 결말이 이미 만들

어지는 다른 드라마와 달리, 상우(이재룡 분)를 옥희(배종옥
[오키]

분)에게 보내야 ⑤할지, 영숙(방은진 분)에게 보내야 할지를
[할찌]

놓고 우린 ⑥거의 마지막까지 함께 고민했습니다. 끝내 우리는
[노코]   [거이]   [끈내]

옥희의 손을 들어 줬지요. 처음에 난 영숙의 편이었습니다만,
[드러줟찌요]

사랑의 손을 들어 주고 싶어 한, 고통받아 온 사람들에게 그렇게
[그러케]

라도 선물을 주고 싶어 한 당신의 그 결 고운 마음을 거역할 수
[거:여칼쑤]

없었습니다.
[업썬씀니다]

돌이켜 보면, 당신은 늘 그런 식이었습니다.

고통받는 사람을 외면하지 못하고, 그들의 상처에 약을 발라
[받는]   [모:타고]

주거나 선물을 줘야만 직성이 풀렸어요. 난 그게 늘 좋았습니다.
[직썽]   [조:안씀니다]

PART. 2

　アンカラ公園のベンチでした。夕方頃に話を始めたのですが、東の方で明るく夜が明けてくるのを見て本当に呆れましたよね。〈馬鹿みたいな愛〉の時は、シノプシスの段階で結末がすでに作られる他のドラマと違い、サンウ（イ・ジェリョン）をオッキ（ペ・ジョンオク）のところに行かせるべきか、ヨンスク（パン・ウンジン）のところに行かせるべきかについて、私たちはほとんど最後まで一緒に悩みました。結局私たちはオッキの肩を持ってあげましたね。最初私はヨンスクの味方でしたが、肩を持ってあげることで、苦しんできた人々に、せめてもの贈り物をしたいと思う、あなたのそのやさしい心に、逆らうことはできなかったのです。

　振り返ってみれば、あなたは常にそうでした。

　苦しむ人から目をそらすことができず、彼らの傷に薬を塗ってあげるか、贈り物をしないと気が済まないのです。私はそれがいつも好きでした。

発音のポイント

④ 저녁 무렵 ［저녕무렵］
夕方頃

二つの単語を一息で連続して発音する場合も、鼻音化が起きます。

「녁」のパッチム「ㄱ」は、後に鼻音の「ㅁ」が続くと、鼻音の［ㅇ］に変わり、「녁」は［녕］と発音されます。

鼻音化(1)
p140

⑤ 할지 ［할찌］
～するか

「ㄹ」が付く語尾の場合、「ㄹ」パッチムの後に来る平音は濃音に変わるので、「지」は［찌］と発音されます。

濃音化(2)
p142

⑥ 거의 ［거이］
ほとんど

「의」は、語中や語末では［이］と発音します。

「ㅢ」の発音(2)
p134

発音チェック

CDを聞いて発音どおりにハングルで書いてみましょう。

1) 놓고　　　　［　　　　　　　］　～について
2) 들어 줬지요　［　　　　　　　］　あげてやりましたね
3) 거역할 수　　［　　　　　　　］　逆らうことが
4) 고통받는　　［　　　　　　　］　苦しむ
5) 못하고　　　［　　　　　　　］　できず

解答は次のページの下にあります ❯

語句

| 앙카라공원 | 〔−公園〕 アンカラ公園
ソウルの漢江の島여의도（汝矣島）にある公園。여의도には国会議事堂、KBS放送局などがある。 |

| 동이 터 오는 − | 夜が明けてくる〜 |

동이 트다〈으変則〉 ＋ **어 오다** ＋ **는**
夜が明ける 　　　　　〜してくる　現在連体形語尾

| 황당했잖아요 | 〔荒唐−〕 呆れたじゃないですか |

황당하다 ＋ **였** ＋ **잖아요**
呆れる　　　過去補助語幹　〜じゃないですか

| 〈바보 같은 사랑〉 | 〈馬鹿みたいな愛〉 2000年にKBSで放映されたドラマ。高い評価を受けながら、裏番組の〈허준 ホジュン〉に惨敗した。 |

| 시놉시스 | (synopsis) シノプシス、映画やドラマなどの簡単なあらすじ |

| 보내야 할지 | 行かせるべきか |

보내다 ＋ **어야 하다** ＋ **ㄹ지**
送る　　　　〜するべきだ　　〜するか

| 손을 들어 줬지요 | 手を挙げてやりましたね、勝たせてあげましたね |

손을 들다 ＋ **어 주다** ＋ **었지요**
手を挙げる　　〜してあげる　　〜ましたね

| 결 고운 − | 気立てのやさしい〜 |

결 ＋ **곱다**〈ㅂ変則〉 ＋ **은**
気立て　やさしい　　　　現在連体形語尾

| 직성이 풀렸어요 | 〔直星−〕 気が済みました |

직성이 풀리다 ＋ **었어요**
気が済む　　　　〜ました

1) [노코]　2) [드러줼쩨요]　3) [거ː여칼쭈]　4) [고통반는]　5) [모ː타고]

2. 표민수가 노희경에게

PART. 3

어떻게 잊을 수가 있겠습니까.
[어떠케]　　[쑤]

〈바보 같은 사랑〉 ⑦첫 회가 드라마 사상 최악의 ⑧시청률을
　　　　　　　　　　[처푀]　　　　　　　　　　　[시:청뉼]

기록했던 날을 말입니다.

"방송되기 전에 이미 완제품을 세상에 내놓은 상태이고,
　　　　　　　　　　　　　　　　　[내:노은]

시사회 반응도 너무 좋았다. 이건 우리 잘못이 아니다. 그냥
　　　　　　　　　　[조:앋따]

그런 결과가 나온 거지."

당신이 했던 말입니다. 그때 당신의 그 씩씩함이 겉으론
　　　　　　　　　　　　　　　　　　　　[씩씨카미]　　[거트론]

의연한 척하면서도 속으론 몹시 당황했던 내게 얼마나 큰 힘이
　　　　　[처카면서도]　　　[몹:씨]

됐는지 모릅니다. 나중에 당신이 말했습니다.
[됀:는지]

사실 잘못이 있었다고,

하지만 그때 우리라도 그렇게 믿지 않으면 좌초하고 말 것
　　　　　　　　　　　　　　　[믿찌아느면]　　　　　　　[껄]

같았다고.

결국 드라마는 (시청률과는 상관없이) 많은 사람들에게
　　　　　　　　　　　　　[상과넙씨]　[마:는]

사랑의 '치유력'에 대해 생각하게 하는 ⑨좋은 기회를 준 채
　　　　　　　　　　　[생가카게]　　　　[조:은]

종영됐고, 우린 성공과 실패의 책임을 두 어깨에 나눠 졌지요.
　　　　　　　　　　　　　　　　　　　　　　　　　　[젇찌요]

늘 그렇듯 아주 공평하게요.
　　[그러튿]

26

PART. 3

　どうして忘れることができるでしょうか。

　〈馬鹿みたいな愛〉第１話がドラマ史上最悪の視聴率を記録した日を。

　"放送する前にすでに完成品を世の中に出した状態だったし、試写会の反応もとても良かった。これは、私たちの落ち度ではない。ただ、そんな結果が出たということよ。"

　あなたが言った言葉です。あの時、あなたのその逞しさが、うわべでは毅然としたふりをしながらも心の中では大変あわてた私に、どんなに大きい力になったか分かりません。後であなたは言いました。

　実は落ち度があったと、

　しかしあの時、私たちでもそう信じなければくじけてしまいそうだったと。

　結局ドラマは（視聴率とは関係なく）多くの人に愛の'治癒力'について考えさせる良い機会を与えて終わり、私たちは成功と失敗の責任を、二人で共に負ったのでした。いつもそうであるように、とても公平に。

2. 표민수가 노희경에게

発音のポイント

⑦ 첫 회 [천회→처퇴]
　最初の回
　「첫」のパッチム「ㅅ」は代表音[ㄷ]と発音されるので[천]になります。[천]のパッチム[ㄷ]は、後に続く「ㅎ」と結合して激音[ㅌ]に変わり、[퇴]と発音されます。　　激音化 p139

⑧ 시청률 [시ː청뉼]
　視聴率
　「청」のパッチム「ㅇ」の後に続く「ㄹ」は鼻音[ㄴ]に変わるので、「률」は[뉼]と発音されます。　　鼻音化(2) p141

⑨ 좋은 [조ː은]
　良い〜
　「좋」のパッチム「ㅎ」の後に母音が続くと、「ㅎ」は発音されません。　　連音化(4) p138

発音チェック

CDを聞いて発音どおりにハングルで書いてみましょう。

1) 내놓은 상태　[　　　]　出した状態
2) 좋았다　　　[　　　]　良かった
3) 씩씩함이　　[　　　]　逞しさが
4) 믿지 않으면 [　　　]　信じなければ
5) 그렇듯　　　[　　　]　そうであるように

解答は次のページの下にあります ❯

語句

| 첫 회 | 〔-回〕 最初の回、第1話 |

| 날을 말입니다 | 日をですよ、日をさ |

날　　　+　　을　　+　　말입니다
日　　　　　を　　　　～ですよ（語調を整えたり注意を引く語）

| 완제품 | 〔完製品〕 完全な製品、完成品 |

| 잘못 | 非、落ち度、手落ち |

| 의연한 척하면서도 | 〔毅然-〕 毅然としたふりをしながらも |

의연하다　+　ㄴ 척하다　+　면서도
毅然としている　　～ふりをする　　～ながらも

| 힘이 됐는지 | 力になったのか |

힘이 되다　+　었　+　는지
力になる　　過去補助語幹　　～のか

| 좌초하고 말 것 같았다 | 〔坐礁-〕 座礁してしまいそうだった |

좌초하다 + 고 말다〈ㄹ語幹〉 + ㄹ 것 같다 + 았다
座礁する　　～してしまう　　～しそうだ　過去終結語尾

| 준 채 | 与えたまま |

주다　+　ㄴ 채
与える　　～したまま

| 종영됐고 | 〔終映-〕 放映が終わって |

종영되다　+　었　+　고
放映が終わる　過去補助語幹　～して

| 두 어깨에 나눠 졌지요 | 二人の肩に分けて負いましたね、二人で共に負ったのでした |

두 + 어깨 + 에 + 나누다 + 어 + 지다 + 었지요
二つの　肩　～に　分ける　連用形語尾　負う　～ましたね

1)［내:노은상태］　2)［조:앋따］　3)［썩써카미］　4)［믿쩌아느면］　5)［그러틀］

29

2. 표민수가 노희경에게

PART. 4

배우와 스태프에 대한 존중에 관한 거라면 나도 할 얘기가
[래:기]

많습니다. 당신이 나보다 더하면 더했지 ⑩절대 못하지는 않으니
[만:씀니다]　　　　　　　　　　　　　[절때] [모:타지는]

까요. 배우들을 직접 만나 세세한 버릇 하나하나까지 드라마에
　　　　　　[직쩝]

⑪풀어 넣는 일이나, 배우의 사소한 질문 하나라도 그냥 넘기지
[푸러넌는]　[니:라나]

못하는 모습을 너무 자주 봤어요. 어떻게 하면 배우와 스태프가
[모:타는]　　　　　　　　　　　[어떠케]

고생을 크게 하지 않으면서 인물의 감정을 최대한 살려 낼 수
　　　　　　　[아느면서]　　　　　　　　　　　　　　[쑤]

있을까, 대사 한 줄 쓰는 일에조차 그 생각을 놓은 적이 없습니다.
　　　　　　　　[니:레]　　　　　　　[노은]　　　[업:씀니다]

당신이야말로 사람을 사랑할 줄 아는 작가입니다.
　　　　　　　　　　　　　[쭈라:는] [작까]

당신도 알다시피 〈고독〉은 프리랜서로 ⑫독립한 이후, 내
　　　　　　　　　　　　　　　　　　　　[동닙]

첫 작품이에요. 다시 신인으로 돌아간 겁니다. 각오해요. 멋진
[첟짝품]　　　　　　　　　　　　　　　　　　　　　[먿찐]

'데뷔'를 하는데, 점점 더 멋진 작가가 돼 가는 당신 '덕'을

톡톡히 볼 생각이니까요.
[톡토키]

　　　　　　　　　　　　지금 사랑하지 않는 자, 모두 유죄 「노희경」
　　　　　　　　　　　　　　　── 〈헤르메스미디어〉 2008년

PART. 4

　俳優とスタッフを尊重することに関してなら、私も言うことがたくさんあります。あなたは私より勝ることはあっても絶対に劣ることはないですからね。俳優たちに直接会って、細かい癖の一つ一つまでドラマに取り入れることや、俳優の些細な質問一つでも、そのまま聞き流すことができない姿をよく見ました。どうすれば俳優とスタッフがあまり苦労しないで人物の感情を最大限表すことができるか、台詞１行書くことにおいてすら、それを忘れたことはありません。あなたこそ人を愛することができる作家です。

　あなたも知ってる通り〈孤独〉はフリーで独立してからの私の初作品です。また新人に戻ったのです。覚悟してください。素敵な'デビュー'をするのに、ますます素敵な作家になっていくあなたの恩恵をたっぷり受けるつもりですからね。

　　　　　　　　　今愛していない人、全員有罪「ノ・ヒギョン」
　　　　　　　　　──〈ヘルメスメディア〉2008年

2. 표민수가 노희경에게

発音のポイント

⑩ 절대 ［절때］
絶対
漢字語において、パッチム「ㄹ」に続く平音「ㄷ」は濃音［ㄸ］ に変わるので、「대」は［때］と発音されます。

濃音化(3)
p142

⑪ 풀어 넣는 ［풀어넏는→푸러넌는］
取り入れる
「넣」のパッチム「ㅎ」は代表音「ㄷ」と発音されるので［넏］ になります。［넏］のパッチム［ㄷ］は、後に鼻音の「ㄴ」が 続くと、鼻音の［ㄴ］に変わり、「넏」は［넌］と発音されます。

鼻音化(1)
p140

⑫ 독립 ［독닙→동닙］
独立
「독」のパッチム「ㄱ」の後に続く「ㄹ」は鼻音［ㄴ］に変わる ので、［닙］と発音されます。さらに「독」のパッチム「ㄱ」は、 鼻音［ㄴ］の前で、鼻音［ㅇ］に変わるので、［동］と発音さ れます。

鼻音化(2)
p141

発音チェック

CDを聞いて発音どおりにハングルで書いてみましょう。

1) 직접　　　　　[　　　　　　]　直接
2) 없습니다　　　[　　　　　　]　ありません
3) 첫 작품　　　　[　　　　　　]　初作品
4) 멋진　　　　　[　　　　　　]　素敵な
5) 톡톡히　　　　[　　　　　　]　たっぷり

解答は次のページの下にあります ≫

語句

더하면 더했지	勝ることはあっても
	더하다 より多い
	-(으)면 -(았/었)지の形で、後ろに来る節の内容を強調する表現 ~ことはあっても

못하지는 않으니까요	劣らないですからね
	못하다 + 지는 않다 + 으니까요
	劣る　　　~ではない　　~ですからね

풀어 넣는 -	取り入れる~
	풀다 + 어 + 넣다 + 는
	ほどく、解く　連用形語尾　入れる　現在連体形語尾

넘기지 못하는 -	受け流せない~
	넘기다 + 지 못하다 + 는
	受け流す　~できない　現在連体形語尾

살려 낼 수 있을까	生かすことができるのか
	살려 내다 + ㄹ 수 있다 + 을까
	生かす　~することができる　~だろうか

| 조차 | ~さえ、~ですら |

당신이야말로	あなたこそ
	당신 + 이야말로
	あなた　~こそ

사랑할 줄 아는 -	愛することができる~
	사랑하다 + ㄹ 줄 알다〈ㄹ語幹〉 + 는
	愛する　~することができる　現在連体形語尾

알다시피	知っている通り
	알다 + 다시피
	知る　~の通り

1)［직접］　2)［업:씀니다］　3)［철짝품］　4)［먼찐］　5)［톡토키］

3 괜찮아

장영희
エッセイ

発音に注意してCDを聞きましょう。次に、CDの後についてリピートしましょう。

PART. 1

초등학교 때 우리 집은 서울 동대문구 제기동에 있는 작은
[학꾜]   [인는]
한옥이었다. 골목 안에는 고만고만한 한옥 여섯 채가 서로

마주 보고 있었다. 그때만 해도 한 집에 아이가 보통 네댓은

됐으므로 골목길 안에만도 초등학교 다니는 아이가 줄잡아
         [골:목낄]
열 명이 넘었다. 학교가 파할 때쯤 되면 골목은 시끌벅적,

아이들의 놀이터가 되었다.
[아이드레]

　어머니는 내가 집에서 책만 ①읽는 것을 ②싫어하셨다. 그래서
                        [챙만] [잉는]   [시러하셛따]
방과 후 골목길에 아이들이 모일 때쯤이면 대문 앞 계단에
                                              [계단]
작은 방석을 깔고 나를 거기에 앉히셨다. 아이들이 노는 걸
                            [안치셛따]
구경이라도 하라는 뜻이었다.

　딱히 놀이 기구가 없던 그때, 친구들은 대부분 술래잡기,
  [따키]   [업:떤]   [술래잡끼]
사방치기, 공기놀이, ③고무줄놀이 등을 하고 놀았지만 나는
                   [고무줄로리]
공기놀이 외에는 그 어떤 놀이에도 참여할 수 없었다.
                                        [쑤] [업:썯따]

大丈夫

張英姫

PART. 1

　小学校の頃の私の家は、ソウル東大門区祭基洞にある小さな韓国風の家だった。路地には似たような韓国風の家が6軒向かい合っていた。その頃は、普通一家に子供が4、5人はいたので、その路地だけでも小学校に通う子供は少なくとも10人を超えた。学校が終わる頃になると路地はわいわい騒がしく、子供たちの遊び場となった。

　母は私が家で本ばかり読んでいるのを嫌った。それで放課後、路地に子供たちが集まる頃になると、門の前の階段に小さな座布団を敷いて、私をそこに座らせた。子供たちが遊ぶのを見物しろという意味であった。

　これといって遊び道具がなかったあの時代、友達は大体かくれんぼ、石蹴り、石なご、ゴム飛びなどをして遊んだが、私は石なごの他にはどの遊びにも加わることができなかった。

作者

張英姫【チャン・ヨンヒ】
1952〜2009年

随筆家・翻訳家・英文学者。ソウル生まれ。小児麻痺のため両足が不自由になったが、その障害を乗り越えアメリカで博士学位を取得。1985年から母校の西江大学校教授を務める。2001年に癌の宣告を受けるが、闘病中も新聞にコラムを寄稿するなど著述活動を続けた。

3. 괜찮아

発音のポイント

① 읽는 [익는→잉는]
読む〜
「읽」のパッチム「ㄺ」は、右側のパッチム「ㄱ」を発音します。
なお、パッチム[ㄱ]は、後に鼻音の「ㄴ」が続くと、鼻音の[ㅇ]に変わり、[잉]と発音されます。

2文字のパッチム(1)
p137

鼻音化(1)
p140

② 싫어하셨다 [실어하셛따→시러하셛따]
嫌った
「싫」のパッチム「ㅀ」は、次に母音が来ると、左側のパッチム「ㄹ」が終声として発音されます。右側のパッチム「ㅎ」は、後続の初声に移って発音されますが、後に母音が続くと、「ㅎ」は発音されません。

連音化(2)(4)
p138

③ 고무줄놀이 [고무줄로리]
ゴム飛び
「줄」のパッチム「ㄹ」の次に来る「ㄴ」は[ㄹ]に変わり、「놀」は[롤]と発音されます。

流音化(1)
p140

発音チェック

CDを聞いて発音どおりにハングルで書いてみましょう。

1) 골목길　　　　[　　　　　　]　路地
2) 아이들의　　　[　　　　　　]　子供たちの
3) 책만　　　　　[　　　　　　]　本ばかり
4) 앉히셨다　　　[　　　　　　]　座らせた
5) 없던　　　　　[　　　　　　]　なかった〜

解答は次のページの下にあります ▶

語句

| 동대문구 제기동 | 〔東大門区 祭基洞〕 ソウル市の東部にある地名 |

| 한옥 | 〔韓屋〕 韓国古来の建築様式で建てた家屋 |

고만고만한 -	似たような~
	고만고만하다 + ㄴ
	似たりよったりだ　現在連体形語尾

그때만 해도	その頃は
	그때　+　만 해도
	その頃　　~に限って言っても

줄잡아	少なくとも
	줄잡다　+　아
	少なく見積もる　~して

파할 때쯤	〔罷-〕終わる頃
	파하다　+　ㄹ 때　+　쯤
	終わる　　~するとき　ごろ

| 시끌벅적 | 騒がしい様子、わいわいがやがや |

앉히셨다	座らせた
	앉히다　+　시　+　었다
	座らせる　尊敬補助語幹　過去終結語尾

노는 걸	遊ぶのを
	놀다〈ㄹ語幹〉　+　는　+　걸
	遊ぶ　　　　　現在連体形語尾　것을(のを)の縮約形

1)[골:목낄]　2)[아이드레]　3)[쳉만]　4)[안치셛따]　5)[업:떤]

3. 괜찮아

PART. 2

하지만 골목 안 친구들은 나를 위해 꼭 무언가 역할을 만들어
[여칼]
주었다. 고무줄놀이나 달리기를 하면 내게 심판을 시키거나
[고무줄로리]
④신발주머니와 책가방을 맡겼다. 그뿐인가. 술래잡기를 할
[신발쭈머니]   [맏껼따]
때는 한곳에 앉아 있어야 하는 내가 답답해할까 봐 어디에
[안자]   [답따패]
숨을지 미리 말해 주고 숨는 친구도 있었다.
[수믈찌] [말:해/마:래]

우리 집은 골목에서 중앙이 아니라 모퉁이 쪽이었는데 내가
[이언는데]
앉아 있는 ⑤계단 앞이 늘 친구들의 놀이 무대였다. 놀이에
[안자인는] [게단]
참여하지 못해도 난 전혀 소외감이나 박탈감을 느끼지 않았다.
[모:태도]   [저녀/전혀]   [아낟따]
아니, 지금 생각하면 내가 소외감을 느낄까 봐 친구들이
[생가카면]
배려해 준 것이었다.

그 골목길에서의 일이다. 초등학교 1 (일)⑥학년 때였던 것
[골:목낄]   [항년]
같다. 하루는 우리 반이 좀 일찍 끝나서 나 혼자 집 앞에 앉아
[끈나서]   [지바페]
있었다.

PART. 2

　しかし、路地の友達は私のために必ず何か役割を作ってくれた。ゴム飛びや駆けっこをする時は私に審判をさせたり、上履き袋やかばんを預けたりした。それだけではない。かくれんぼをする時は、一つの所に座っていなければならない私が退屈するのではないかと思って、どこに隠れるかあらかじめ言ってから隠れる友達もいた。

　私の家は路地の中央ではなく隅のほうであったが、私が座っている階段の前がいつも友達の遊び場だった。遊びに加われなくても、私はまったく疎外感や喪失感を抱くことはなかった。いや、今思えば、私が疎外感を感じるかと思って、みんなが気を配ってくれたのだった。

　その路地でのことだった。小学校１年生の時だったと思う。ある日、私のクラスが少し早く終わったので、私は一人で家の前に座っていた。

3. 괜찮아

発音のポイント

④ 신발주머니 ［신발쭈머니］
上履き袋
合成語において、前の単語（신발）の最後のパッチムが「ㄴ, ㄹ, ㅁ, ㅇ」の場合、続く単語の第一音節「주」は濃音に変わり、［쭈］と発音されます。

濃音化（4）
p143

⑤ 계단 ［게단］
階段
「혜, 계, 폐」など「예, 례」以外の母音「ㅖ」は［ㅔ］と発音されます。

「ㅖ」の発音（1）
p135

⑥ 학년 ［항년］
～年生
「학」のパッチム「ㄱ」は、後に鼻音の「ㄴ」が続くと、鼻音の［ㅇ］に変わり、［항］と発音されます。

鼻音化(1)
p140

発音チェック

CDを聞いて発音どおりにハングルで書いてみましょう。

1) 역할　　　［　　　　　］　役割
2) 못해도　　［　　　　　］　できなくても
3) 생각하면　［　　　　　］　思えば
4) 끝나서　　［　　　　　］　終わったので
5) 집 앞에　　［　　　　　］　家の前に

解答は次のページの下にあります ▶

40

語句

| 나를 위해 | 私のために |

나 + 를 위해
私　　～のために

| 한곳 | 一か所、一つの場所 |

| 앉아 있어야 하는- | 座っていなければならない～ |

앉다 + 아 있다 + 어야 하다 + 는
座る　　～ている　～しなければならない　現在連体形語尾

| 답답해할까 봐 | 退屈するかと思って |

답답하다 + 여 하다 + ㄹ까 봐
退屈だ　　　～がる　　～するかと思って

| 숨을지 | 隠れるか |

숨다 + 을지
隠れる　～するか

| 놀이 무대 | 〔－舞台〕遊びの舞台、遊び場 |

| 박탈감 | 〔剝奪感〕剝奪されたような感情、喪失感 |

| 느낄까 봐 | 感じるかと思って |

느끼다 + ㄹ까 봐
感じる　～するかと思って

| 초등학교 | 〔初等学校〕小学校 |

| 1학년 | 〔一学年〕1年生 |

1)［여칼］　2)［모ː태도］　3)［생가카면］　4)［끈나서］　5)［지바페］

3. 괜찮아

PART. 3

그런데 그때 마침 골목을 지나던 깨엿 장수가 있었다. 그
[깨엳짱수]
아저씨는 가위를 쩔렁이며, 목발을 옆에 두고 대문 앞에 앉아
[목빠를]
있는 나를 흘낏 보고는 그냥 지나쳐 갔다. 그러더니 리어카를
두고 다시 돌아와 내게 깨엿 두 개를 내밀었다. 순간 아저씨와
내 눈이 ⑦마주쳤다. 아저씨는 아무 말도 하지 않고 아주 잠깐
　　　　　[마주천따]　　　　　　　　　　　　　[안코]
미소를 지어 보이며 말했다.

"괜찮아."
[괜차나]

무엇이 ⑧괜찮다는 건지 몰랐다. 돈 없이 깨엿을 공짜로
　　　　　[괜찬타]　　　　　　　　　[도:넙:씨]
받아도 괜찮다는 것인지, 아니면 목발을 짚고 살아도 괜찮다는
　　　[괜찬타는]　　　　　　　　　　　　　[집꼬]
말인지……. 하지만 그건 중요하지 않다. 중요한 것은 내가
　　　　　　　　　　　　　　　　　[안타]
그날 마음을 정했다는 것이다. 이 세상은 그런대로 살 만한
곳이라고, 좋은 친구들이 있고 선의와 ⑨사랑이 있고, '괜찮아'
　　　　　[조:은]　　　　　　　[서:니]　　[사랑이]
라는 말처럼 용서와 너그러움이 있는 곳이라고 믿기 시작했다
　　　　　　　　　　　　　　　[인는]　　　　　　　　[시:자캗따]
는 것이다.

42

PART. 3

するとその時、ちょうどゴマ飴売りが路地を通ってきた。そのおじさんははさみをカチャカチャさせながら、松葉杖を横に置いて門の前に座っている私をちらっと見て、そのまま通り過ぎて行った。そうしてから、リヤカーを置いてまた戻って来て、私にゴマ飴を2個差し出した。一瞬、おじさんと私の目が合った。おじさんは何も話さなかったが、ほんの少しの間微笑みを浮かべて言った。

「大丈夫だよ。」

何が大丈夫なのか分からなかった。お金を払わずゴマ飴をただでもらっても大丈夫だということなのか、松葉杖をついて生きても大丈夫だということなのか……。しかし、そんなことは重要ではない。重要なのは、私がその日、心を決めたということである。この世の中はそれなりに生きるに値する所であり、良き友達がいて、善意と愛があって、「大丈夫」という言葉のように許しと寛容さがある所だと、信じ始めたということである。

3. 괜찮아

発音のポイント

⑦ 마주쳤다 [마주쳤다→마주천따]
（目が）合った
「겨, 쪄, 쳐」は、それぞれ[저, 쩌, 처]と発音されるので、「쳤」は[첟]になります。

「ㅕ」の発音
p135

⑧ 괜찮다 [괜찬타]
大丈夫だ
「찮」のパッチム「ㄶ」は左側を発音するので、[찬]になります。
また、「찮」の右のパッチム「ㅎ」と、後に来る平音「ㄷ」が結合して激音[ㅌ]に変わり、[타]と発音されます。

2文字のパッチム
(1)(3)
p137

⑨ 사랑이 [사랑이]
愛が
パッチム「ㅇ」の後に母音が続くと、鼻濁音で発音されます。

連音化(3)
p138

発音チェック

CDを聞いて発音どおりにハングルで書いてみましょう。

1) 깨엿 장수　　[　　　　　]　ゴマ飴売り
2) 괜찮아　　　[　　　　　]　大丈夫だよ
3) 좋은　　　　[　　　　　]　良い〜
4) 선의　　　　[　　　　　]　善意
5) 시작했다　　[　　　　　]　始めた

解答は次のページの下にあります ▶

語句

깨엿	表面にゴマをまぶした飴
목발	〔木−〕 松葉杖
지나쳐 갔다	通り過ぎて行った

지나치다 ＋ 어 가다 ＋ 았다
通り過ぎる　　～して行く　　過去終結語尾

아무 말도	何の話も

아무 ＋ 말 ＋ 도
何の　　話　　～も

공짜	ただでもらうこと、無料
받아도 괜찮다는 것인지	もらっても大丈夫だということなのか

받다 ＋ 아도 ＋ 괜찮다 ＋ 다는 것이다 ＋ ㄴ지
もらう　～しても　大丈夫だ　～ということだ　～なのか

짚고	(杖などを) ついて

짚다 ＋ 고
つく　　～して

살 만한 곳이라고	生きるに値する所だと

살다〈ㄹ語幹〉 ＋ ㄹ 만하다 ＋ ㄴ ＋ 곳 ＋ 이라고
生きる　　　　　～に値する　現在連体形語尾　所　　～だと

믿기 시작했다	〔− 始作−〕 信じ始めた

믿다 ＋ 기 시작했다
信じる　　～し始めた

1) [깨열짱수]　2) [괜차나]　3) [조ː은]　4) [서ː니]　5) [시ː자켇따]

3. 괜찮아

PART. 4

　　오래전 학교 친구를 찾아 주는 방송 프로그램이 있다.
[학꾜]

한번은 가수 김현철이 나와서 초등학교 때 친구를 찾았는데,
[차잔는데]

함께 축구하던 이야기가 나왔다. 당시 허리가 ⑩36(삼십육)
[삼심뉵]

인치일 정도로 뚱뚱한 친구가 있었는데, 뚱뚱해서 잘 뛰지

못한다고 다른 친구들이 축구팀에 끼워 주려고 하지 않았다.
[모:탄다고]　　　　　　　　　　　　　　　　　　[아낟따]

그때 김현철이 나서서 말했다고 한다.

　　"괜찮아. 앤 골키퍼를 시키면 우리 함께 ⑪놀 수 있잖아!"
[놀:쑤읻짜나]

　　그래서 그 친구는 골키퍼를 맡아 함께 축구를 했고, 몇 십 년
[축꾸]　　　　　　　　[멷씸년]

이 지난 후에도 김현철의 따뜻한 말과 마음을 그대로 기억하고
[따뜨탄]　　　　　　　　　　　　　[기어카고]

있었다.

　　괜찮아 ── 난 지금도 이 말을 들으면 ⑫괜히 가슴이 찡해진다.
[괜:히/괘:니]

2002(이천이)년 월드컵 4(사)강에서 독일에게 졌을 때
[이:처니:]

관중들은 선수들을 향해 외쳤다.
[외천따]

　　"괜찮아! 괜찮아!"

　　　　　　　　　　　－중략－

PART. 4

　昔の学校の友達を探してくれる番組がある。一度は、歌手のキム・ヒョンチョルが出て、小学校時代の友達を探したのだが、一緒にサッカーをしていたときの話が出た。当時、ウエストが36インチもあるほど太っていた友達がいたのだが、太っていたので速く走れないといって、他の友達がサッカーチームに入れてあげようとしなかった。その時、キム・ヒョンチョルが言ったという。

　「大丈夫。この子にゴールキーパーをさせれば、一緒に遊べるじゃない！」

　それでその友達は、ゴールキーパーになって一緒にサッカーをしたのだが、何十年が過ぎた後でも、キム・ヒョンチョルの温かい言葉と心をそのまま覚えていたという。

　大丈夫——私は今でもこの言葉を聞くと、無性に胸がじいんとする。2002年のワールドカップの準決勝でドイツに敗れた時、観衆は選手たちに向かって叫んだ。

　「大丈夫！　大丈夫！」

　　　　　　　——中略——

3. 괜찮아

発音のポイント

⑩ 삼십육 ［삼십＋ㄴ＋육→삼십뉵→삼심뉵］
36
「삼십」と「육」をひとまとまりとして発音すると、前の「삼십」がパッチムで終わり、後ろの「육」の第一音節が「유」であるので、［ㄴ］が添加され、「육」は［뉵］と発音されます。
なお、「십」のパッチム「ㅂ」は、後に鼻音の［ㄴ］が続くと、鼻音の［ㅁ］に変わり、［심］と発音されます。

ㄴ音の添加(1)
p144

鼻音化(1)
p140

⑪ 놀 수 있잖아 ［놀ː쑤읻짜나］
遊べるじゃない
「놀다」の未来連体形「놀」の後に来る平音「ㅅ」は濃音［ㅆ］に変わり、［쑤］と発音されます。

濃音化(1)
p142

⑫ 괜히 ［괜ː히/괜ː이→괘ː니］
無性に
「괜」のパッチム「ㄴ」の後に続く初声の「ㅎ」は自然の速さで発音すると［ㅎ］が弱く発音されるか、ほとんど発音されなくなります。

ㅎ音の弱音化
p139

発音チェック

CDを聞いて発音どおりにハングルで書いてみましょう。

1) 찾았는데　［　　　　　］　探したのだが
2) 못한다고　［　　　　　］　できないと
3) 몇 십 년　［　　　　　］　何十年
4) 기억하고　［　　　　　］　覚えて
5) 외쳤다　　［　　　　　］　叫んだ

解答は次のページの下にあります ▶

語句

| 프로그램 | プログラム、番組 |

| 끼워 주려고 | 入れてあげようと |

끼우다 + 어 주다 + 려고
入れる　　～してあげる　　～しようと

| 얜 | この子は　애는の縮約形 |

애 + 는
이 아이(この子)の縮約形　　～は

| 놀 수 있잖아 | 遊べるじゃない |

놀다〈ㄹ語幹〉 + ㄹ 수 있다 + 잖아
遊ぶ　　　　　～することができる　　～じゃない

| 지난 후에도 | 〔-後-〕過ぎた後でも |

지나다 + ㄴ 후 + 에도
過ぎる　　～した後　　～でも

| 괜히 | 無性に、やたらに |

| 찡해진다 | じぃんとする |

찡하다 + 여지다 + ㄴ다
じぃんとする　　～くなる　　現在終結語尾

| 4강 | 〔四強〕ベスト4 |

| 졌을 때 | 敗れた時 |

지다 + 었 + 을 때
敗れる　過去補助語幹　　～する時

2)[차잔는데]　2)[모:탄다고]　3)[면썸년]　4)[기어카고]　5)[외천따]

3. 괜찮아

PART. 5

'그만하면 참 잘했다'고 용기를 북돋아 주는 말, '너라면
         [북또다]
뭐든지 다 눈감아 주겠다'는 용서의 말, '⑬무슨 일이 있어도
                                    [무슨니:리]
나는 네 편이니 넌 절대 외롭지 않다'는 ⑭격려의 말, '지금은
            [절때]   [안타]   [경녀]
아파도 슬퍼하지 말라'는 나눔의 말, 그리고 마음으로 일으켜
                  [나누메]
주는 부축의 말, 괜찮아.

그래서 세상 사는 것이 만만치 않다고 느낄 때, 죽을 듯이
                                            [뜨시]
노력해도 내 맘대로 일이 풀리지 않는다고 생각될 때, 나는 내
[노려캐도]   [안는다고]
마음속에서 작은 속삭임을 듣는다. 오래전 내 ⑮따뜻한 추억
                        [든는다]   [따뜨탄]
속 골목길 안에서 들은 말 —— '괜찮아! 조금만 참아, 이제 다

괜찮아질 거야.'
[괜차나질꺼야]

아, 그래서 '괜찮아'는 이제 다시 시작할 수 있다는 희망의
                              [시:자칼쑤읻따]   [히망에]
말이다.

– 끝 –

「살아온 기적 살아갈 기적」 —— 〈샘터〉 2009년

PART. 5

　「それぐらいならよく頑張った」と勇気づける言葉、「あなたなら何でも目をつぶってあげる」という許しの言葉、「どんなことがあっても、私はあなたの味方だから、あなたは絶対一人ぼっちではない」という激励の言葉、「今はつらくても悲しむな」という分かち合いの言葉、そして心で励まし、支えてくれる言葉、大丈夫。

　それで、世の中で生きていくことが辛いと感じた時、死ぬほど努力しても自分の思う通りに物事が運ばないと思った時、私は自分の心の中で小さなささやきを聞く。昔の私の温かい思い出の中、あの路地で聞いた言葉──「大丈夫！　もう少しだけ我慢しなさい、すぐにすべて良くなるから。」

　ああ、だから「大丈夫」は、またやり直すことができるという希望の言葉である。

―終―

「生きてきた奇跡、生きていく奇跡」──〈セムト〉2009年

3. 괜찮아

発音のポイント

⑬ 무슨 일이
[무슨+ㄴ+일ː이→무슨닐ː이→무슨니ː리]
どんなことが
「무슨」と「일」をひとまとまりの語として発音する場合、「일」に［ㄴ］音が添加され［닐］と発音されます。

ㄴ音の添加（1）
p144

⑭ 격려　[격녀→경녀]
激励
「격」のパッチム「ㄱ」の後に続く「ㄹ」は鼻音［ㄴ］に変わるので、［녀］と発音されます。
さらに「격」のパッチム「ㄱ」は、鼻音［ㄴ］の前で、鼻音［ㅇ］に変わるので、［경］と発音されます。

鼻音化（2）
p141

⑮ 따뜻한　[따뜯한→따뜨탄]
温かい〜
「뜻」のパッチム「ㅅ」は 代表音「ㄷ」と発音されるので［뜯］になります。
［뜯］のパッチム［ㄷ］は、後に続く「ㅎ」と結合して激音［ㅌ］に変わり、［탄］と発音されます。

激音化
p139

発音チェック

CDを聞いて発音どおりにハングルで書いてみましょう。

　　1) 북돋아　　　[　　　　　　　] 勇気づけて
　　2) 절대　　　　[　　　　　　　] 絶対
　　3) 듣는다　　　[　　　　　　　] 聞く
　　4) 시작할 수 있다 [　　　　　　　] 始めることができる
　　5) 희망의　　　[　　　　　　　] 希望の

解答は次のページの下にあります ▶

52

語句

그만하면	それぐらいやれば

북돋아 주는 -	勇気づける〜

북돋다 ＋ 아 주다 ＋ 는
励ます　　〜してあげる　現在連体形語尾

눈감아 주겠다	目をつぶってあげる

눈감다 ＋ 아 주다 ＋ 겠다
目をつぶる　〜してあげる　意志の終結語尾

슬퍼하지 말라	悲しむな

슬프다〈으変則〉 ＋ 어하다 ＋ 지 말라
悲しい　　　　　〜がる　　〜するな

일으켜 주는 -	立たせてくれる〜

일으키다 ＋ 어 주다 ＋ 는
立たせる　　〜してくれる　現在連体形語尾

부축	助けること

만만치 않다	甘くない　만만하지 않다の縮約形

만만하다 ＋ 지 않다
手強くない、甘い　〜くない

죽을 듯이	死ぬほど

죽다 ＋ 을 듯이
死ぬ　　〜するように

풀리지 않는다고	解決しないと

풀리다 ＋ 지 않다 ＋ 는다고
解決する　〜しない　　〜だと

괜찮아질 거야	良くなるだろう

괜찮다 ＋ 아지다 ＋ ㄹ 거야
大丈夫だ　〜くなる　　〜だろう

1)［북또다］　2)［절때］　3)［든는다］　4)［시ː자칼쑤읻따］　5)［히망에］

4 나의 소원

김구
自叙伝

発音に注意してCDを聞きましょう。次に、CDの後についてリピートしましょう。

PART. 1

내가 원하는 우리 민족의 사업은 결코 세계를 무력으로
　　　　　　　　　　　　　　　　　　　　[세:게]

정복하거나 경제력으로 지배하려는 것이 아니다. 오직 사랑의
[정보카거나]　　　　　　　　　　　　　　　　　[사랑에]

문화, 평화의 문화로 우리 스스로 잘 살고 ①인류 전체가 의좋게
　　　　　　　　　　　　　　　　　　　　[일류]　　　[의:조케]

즐겁게 살도록 하는 일을 하자는 것이다. 어느 민족도 일찍이
　　　　[살:도로카는] [니를]

②그러한 일을 한 이가 없었으니 그것은 공상이라고 하지 말라.
　[그러한니:를]　　　　[업:써쓰니]

일찍이 아무도 한 자가 없길래 우리가 하자는 것이다. 이 큰일은
[일찌기]　　　　　　　[업:낄래]　　　　　　　　　　　[큰니른]

하늘이 우리를 위하여 ③남겨 놓으신 것임을 깨달을 때에 우리
　　　　　　　　　　[남겨노으신]

민족은 비로소 제 길을 찾고 제 일을 알아본 것이다.
　　　　　　　　　　[찬꼬]　　[이:를]

私の念願

金九

PART. 1

　私が願う我が民族のなすべきことは、決して世界を武力で征服したり経済力で支配しようとするものではない。ひたすら愛の文化、平和の文化により自ら豊かに暮らし、すべての人類が仲良く、楽しく暮せるようにしようということなのだ。どの民族もかつてそのようなことをしたことがなかったから、それは空想だと言うべからず。かつて誰もした者がいなかったから、私たちがしようというのだ。この大きな仕事は、天が私たちのために残しておかれたことであることを悟った時に、我が民族は初めて自らの道を見出し、自らのなすべきことを知ることになる。

作者

金九【キム・グ】
1876～1949年

雅号は白凡（백범）。1940～48年大韓民国臨時政府主席。「私の念願」は自叙伝『백범일지　白凡逸志』に収録された、同胞に呼びかける文章である。『白凡逸志』はその内容に歴史的価値が認められ、1997年に韓国の宝物第1245号に指定されている。

4. 나의 소원

発音のポイント

① 인류 ［일류］
人類
「인」のパッチム「ㄴ」は、「ㄹ」の前では［ㄹ］に変わるので、　流音化(1)
「인」は［일］と発音されます。　p140

② 그러한 일을 ［그러한＋ㄴ＋일：을→그러한니：를］
そうしたことを
「그러한」と「일」をひとまとまりの語として発音すると、「일」　ㄴ音の添加(1)
に［ㄴ］音が添加され、［닐］と発音されます。　p144

③ 남겨 놓으신 ［남겨노으신］
残しておかれた〜
「놓」のパッチム「ㅎ」の後に母音が続くと、「ㅎ」は発音さ　連音化(4)
れないので、［노］と発音します。　p138

発音チェック

CDを聞いて発音どおりにハングルで書いてみましょう。

1) 세계　　　　　［　　　　　　］　世界
2) 정복하거나　　［　　　　　　］　征服したり
3) 의좋게　　　　［　　　　　　］　仲良く
4) 없었으니　　　［　　　　　　］　なかったから
5) 없길래　　　　［　　　　　　］　いないから

解答は次のページの下にあります ❯

語句

| 하려는 것이 아니다 | しようとするものではない |

하다 + 려고 하다 + 는 + 것이 아니다
する　　～ようとする　現在連体形語尾　ものではない

| 의좋게 | 〔誼-〕 仲良く |

의좋다 + 게
仲が良い　　～く

| 살도록 하는 - | 暮らすようにする～ |

살다 + 도록 하다 + 는
暮らす　　～ようにする　　現在連体形語尾

| 하자는 것이다 | しようということなのだ |

하다 + 자 + 는 것이다
する　　～よう　～ということなのだ

| 없었으니 | なかったから |

없다 + 었 + 으니
ない　　過去補助語幹　　～から

| -이라고 하지 말라 | ～だと言うべからず |

-이라고 하다 + 지 말다 + 라
～だと言う　　～のをやめる　　～しろ

| 없길래 | いないから |

없다 + 길래
いない　　～ので

| 큰일 | 大きな仕事 |

1)［세ː게］　2)［정보카거나］　3)［의ː조케］　4)［업ː써쓰니］　5)［업ː낄래］

4. 나의 소원

PART. 2

　나는 우리나라의 청년남녀가 모두 과거의 조그맣고 좁다란
[조그마코] [좁따란]
생각을 버리고, 우리 민족의 큰 사명에 눈을 떠서 제 마음을 닦고
제 힘을 기르기로 낙을 삼기를 바란다. 젊은 사람들이 모두 이
[삼:끼를] [절믄]
정신을 가지고 이 방향으로 힘을 쓸진대 30(삼십)년이 ④못하여
[쓸찐대] [삼심녀니] [모:타여]
우리 민족은 괄목상대하게 ⑤될 것을 나는 확신하는 바이다.
[괄목쌍대] [될꺼슬]

　나는 우리나라가 세계에서 가장 아름다운 나라가 되기를
원한다. 가장 부강한 나라가 되기를 원하는 것은 아니다. 내가
남의 ⑥침략에 가슴이 아팠으니, 내 나라가 남을 침략하는 것을
[나메] [침:냑] [침:냐카는]
원치 아니한다. 우리의 부력은 우리의 생활을 풍족히 할 만하고,
[풍조키]
우리의 강력은 남의 침략을 막을 만하면 족하다. 오직 한없이
[강녀근] [조카다] [하:넙씨]
가지고 싶은 것은 높은 문화의 힘이다. 문화의 힘은 우리 자신을
행복되게 하고, 나아가서 남에게 행복을 주겠기 때문이다.
[주겐끼]

PART. 2

　私は我が国の青年男女が皆、過去の小さくて狭い考えを捨て、我が民族の大きな使命に目覚め、心を磨いて自分の力を育てることをもって、楽しみとするように願う。若者たちが皆この意志を持って、この方向で力を尽くせば、30年も経たないうちに我が民族は驚くほど成長すると私は確信する。

　私は我が国が世界で最も美しい国になることを願う。一番富強な国になるのを願うのではない。私が他者の侵略に苦しんだから、我が国が他者を侵略することを望まない。私たちの富は私たちの生活を豊かにするくらいでいいし、私たちの強さは他者の侵略を防げるくらいで十分だ。唯一限りなく欲するものは、高い文化の力である。文化の力は私たちを幸せにし、さらには他者をも幸せにするだろうと思うからである。

4. 나의 소원

発音のポイント

④ 못하여 [몯ː하여→모ː타여]
～できず、及ばず
「못」のパッチム「ㅅ」は代表音[ㄷ]と発音されるので[몯]になります。
なお、[몯]のパッチム[ㄷ]は、後に続く「ㅎ」と結合して激音[ㅌ]に変わり、[타]と発音されます。

激音化
p139

⑤ 될 것을 [될껏을→될꺼슬]
なることを
「되다」の未来連体形「될」の後に来る平音「ㄱ」は、濃音[ㄲ]に変わり、「것」は[껏]と発音されます。

濃音化(2)
p142

⑥ 침략 [침ː냑]
侵略
「침」のパッチム「ㅁ」の後に続く「ㄹ」は鼻音[ㄴ]に変わり、[냑]と発音されます。

鼻音化(2)
p141

発音チェック

CDを聞いて発音どおりにハングルで書いてみましょう。

1) 젊은 사람들이 [　　　　　] 若者たちが
2) 삼십 년이　　[　　　　　] 30年が
3) 침략하는　　[　　　　　] 侵略する～
4) 강력　　　　[　　　　　] 強い力
5) 한없이　　　[　　　　　] 限りなく

解答は次のページの下にあります ▶

語句

좁다란 -	狭い〜
	좁다랗다〈ㅎ変則〉 ＋ 은 狭い　　　　　　　　現在連体形語尾

떠서	目覚めて
	뜨다〈으変則〉 ＋ 어서 目覚める　　　　　〜して

삼기를 바란다	見なすことを願う
	삼다 ＋ 기 ＋ 를 ＋ 바라다 ＋ ㄴ다 見なす　名詞化する語尾　〜を　　願う　　現在終結語尾

힘을 쓸진대	尽力すれば
	힘을 쓰다 ＋ ㄹ진대 尽力する　　　〜ならば

30년이 못하여	〔三十年-〕30年もたたないうちに
	30년 ＋ 이 ＋ 못하다 ＋ 여 30年　　〜に　　及ばない　　〜で

괄목상대	〔刮目相対〕目を見張って見直すこと

확신하는 바이다	〔確信-〕確信するところである
	확신하다 ＋ 는 바이다 確信する　　〜するところだ

원치 아니한다	〔願-〕願わない
	원하다 ＋ 지 아니하다 ＋ ㄴ다　（원치는 원하지의 縮約形） 願う　　　〜しない　　　現在終結語尾

막을 만하면	阻むくらいであれば
	막다 ＋ 을 만하다 ＋ 면 阻止する　〜に値する　〜なら

1) [절믄사ː람드리]　2) [삼심너니]　3) [침ː냐카는]　4) [강녁]　5) [하ː넙씨]

4. 나의 소원

PART. 3

지금 인류에게 부족한 것은 무력도 아니요, 경제력도 아니다.
[일류] [부조칸]

자연 과학의 힘은 아무리 ⑦많아도 좋으나, 인류 전체로 보면
[마:나도] [조:으나]

현재의 자연 과학만 가지고도 편안히 살아가기에 ⑧넉넉하다.
[과항만] [넝너카다]

인류가 현재에 불행한 근본 이유는 인의가 부족하고, 자비가
[이니] [부조카고]

부족하고, 사랑이 부족한 때문이다. 이 마음만 ⑨발달이 되면
[부조칸] [발딸]

현재의 물질력으로 20(이십)억이 다 편안히 살아갈 수 있을
[물찔려그로] [이:시벅이] [쑤]

것이다. 인류의 이 정신을 배양하는 것은 오직 문화이다. 나는

우리나라가 남의 것을 모방하는 나라가 되지 말고, 이러한 높고
[나메 꺼슬] [놉꼬]

새로운 문화의 근원이 되고, 목표가 되고, 모범이 되기를 원한다.
[그눠니]

그래서 진정한 세계의 평화가 우리나라에서, 우리나라로 말미암
[세:게에]

아서 세계에 실현되기를 원한다.

– 이하 생략 –

PART. 3

　今人類に足りないものは、武力でもなければ経済力でもない。自然科学の力はいくら多くてもよいが、人類全体で見れば、現在の自然科学だけをもってしても、楽に生きていくのに十分である。

　人類が今、不幸であるところの根本的な理由は、仁義が足りず、慈悲が足りず、愛が足りないからである。この心が発達しさえすれば、現在の物質の力で20億のすべての人が楽に生きていけるだろう。人類のこの精神を培うのは、ひとえに文化である。私は我が国が他人を模倣する国になるのではなく、このような高くて新しい文化の源になり、目標になり、模範になることを願う。そして、我が国で、我が国によって、真の世界平和が実現することを願う。

― 以下省略 ―

発音のポイント

⑦ 많아도 ［만ː아도→마ː나도］
多くても

「많」のパッチム「ㄶ」は、次に母音が来ると、左側のパッチム「ㄴ」が終声として発音されます。右側のパッチム「ㅎ」は、後続の初声に移って発音されますが、後に母音が続くと、「ㅎ」は発音されません。

連音化(2)(4)
p138

⑧ 넉넉하다 ［넉넉하다→넝너카다］
十分である

一つめの「넉」のパッチム「ㄱ」は、次に「ㄴ」が来ると鼻音［ㅇ］に変わり、［넝］と発音されます。

鼻音化(1)
p140

また、二つめの「넉」のパッチム「ㄱ」は、後に続く「ㅎ」と結合して激音［ㅋ］に変わり、［카］と発音されます。

激音化
p139

⑨ 발달 ［발딸］
発達

漢字語において、パッチム「ㄹ」に続く平音「ㄷ」は濃音［ㄸ］に変わるので、「달」は［딸］と発音されます。

濃音化(3)
p142

発音チェック

CDを聞いて発音どおりにハングルで書いてみましょう。

1) 좋으나　　　［　　　　　　　］ よいが
2) 부족하고　　［　　　　　　　］ 足りず
3) 물질력으로　［　　　　　　　］ 物質の力で
4) 남의 것을　　［　　　　　　　］ 他人のことを
5) 근원　　　　［　　　　　　　］ 根源

解答は次のページの下にあります ▶

語句

많아도 — 多くても
많다 + 아도
多い　　～ても

살아가기에 — 生きていくのに
살아가다 + 기 + 에
生きていく　名詞化する語尾　～に

넉넉하다 — 十分である、事欠かない

살아갈 수 있을 것이다 — 生きていくことができるだろう
살아가다 + ㄹ 수 있다 + 을 것이다
生きていく　～することができる　～するだろう

되지 말고 — ならないで、なるのではなく
되다 + 지 말고
なる　～しないで

새로운- — 新しい～
새롭다〈ㅂ変則〉 + 은
新しい　　　　　現在連体形語尾

모범이 되기를 — 〔模範-〕模範になることを
모범 + 이 되다 + 기 + 를
模範　　～になる　名詞化する語尾　～を

말미암아서 — ～によって
말미암다 + 아서
～による　　～して

---

1)[조ː으나]　2)[부조카고]　3)[물쩔려그로]　4)[나메꺼슬]　5)[그븐]

5　B사감과 러브레터

현진건
小説

発音に注意してCDを聞きましょう。次に、CDの後についてリピートしましょう。

PART. 1

　C여학교에서 교원 겸 기숙사 사감 노릇을 하는 B여사라면
[기숙싸]
딱장대요 독신주의자요 찰진 야소꾼으로 유명하다. ①사십에
[딱짱때]　[독씬주이자]　　　　　　　　　　　　　　　[사ː십]
가까운 노처녀인 그는 주근깨투성이 얼굴이 처녀다운 맛이란
약에 쓰려도 찾을 수 없을 뿐인가, 시들고 거칠고 마르고 누렇게
　　　　[쑤][업ː쏠]　　　　　　　　　　　　　　　[누ː러케]
뜬 품이 곰팡 슬은 굴비를 생각나게 한다.
　　　　　　　　　　　[생강나게]
　　여러 겹 주름이 ②잡힌 훌렁 벗겨진 이마라든지, ③숱이 적어서
　　　　　　　　　[자핀]　　[벋껴진]　　　　　　[수치]
법대로 쪽 찌거나 틀어 올리지를 못하고 엉성하게 그냥 빗어 넘긴
[법때로]　　　　　　　　　[모ː타고]
머리꼬리가 뒤통수에 염소똥만하게 붙은 것이라든지, 벌써 늙어
　　　　　　　　　　　　　　　[부튼]　　　　　　　　[늘거]
가는 자취를 감출 길이 없었다. 뾰족한 입을 앙다물고 돋보기
[가는]　　　　　　[낄]　　　[뾰조칸]　　　　　　　[돋뽀기]
너머로 쌀쌀한 눈이 노릴 때엔 기숙생들이 오싹하고 몸서리를
　　　　　　　　　　　　　　　　　　[오싸카고]
치리만큼 그는 엄격하고 매서웠다.
　　　　　　　[엄껴카고]
　　이 B여사가 질겁을 하다시피 싫어하고 미워하는 것은 소위
　　　　　　　　　　　　　　　[시러하고]
'러브레터'였다.

B舎監とラブレター

玄鎮健

PART. 1

　C女学校で教員兼、寄宿舎の舎監役をしているB女史といえば、堅物であり独身主義者であり、粘り強いヤソ信者として有名だ。40に近いオールドミスの彼女は、そばかすだらけの顔に女らしい感じはこれっぽっちも見つけられないばかりか、しおれて、荒れていて、乾いて、黄色くむくんだ様は、カビの生えたイシモチの干物を思い出させる。

　幾重にもしわがよった、すっかりはげ上がった額にせよ、髪が薄いので、後ろで束ねてかんざしを挿したり結い上げることができず、雑にくしでといた髪先が、ヤギの糞みたいに後頭部についていることにせよ、すでに老いの痕跡を隠すすべがなかった。先のとがった口をきゅっと閉じて、老眼鏡越しに冷たい目がにらむ時は、寄宿生たちがひやりとして身震いするほど、彼女は厳格で恐ろしかった。

　このB女史がうんざりするほど嫌いで憎んでいるのは、いわゆる「ラブレター」だった。

作者

玄鎮健【ヒョン・ジンゴン】
1900〜1943年

小説家。慶尚北道大邱生まれ。新聞記者であった1921年に、自伝的小説「빈처 貧妻」を発表。その後、創作活動に専念し、長編小説「무영탑 無影塔」、短編小説「운수 좋은 날 運の良い日」などを残した。その作品は、民族主義的な色合いが濃く、緻密で繊細な事実主義的描写と調和のとれた構成が特徴で、近代短編小説における第一人者とされる。

5. B사감과 러브레터

発音のポイント

① 사십 ［사ː십］
40
漢数詞の2（이）, 4（사）, 5（오）は長母音です。長く発音すると、発音しやすく、はっきりと伝わります。

長母音について
p145

② 잡힌 ［자핀］
（しわが）よった～
「잡」のパッチム「ㅂ」は、後に続く「ㅎ」と結合して激音［ㅍ］に変わり、［핀］と発音されます。

激音化
p139

③ 숱이 ［수치］
髪の毛の分量が
「숱」のパッチム「ㅌ」は、その後に母音「이」が続くと、［티］ではなく［치］と発音されます。

口蓋音化(1)
p141

発音チェック

CDを聞いて発音どおりにハングルで書いてみましょう。

1) 누렇게　　［　　　　］　黄色く
2) 못하고　　［　　　　］　できず
3) 늙어 가는　［　　　　］　老いていく～
4) 뾰족한　　［　　　　］　先のとがった～
5) 돋보기　　［　　　　］　老眼鏡

解答は次のページの下にあります ▶

語句

찰진 -	粘り強い~、しっかりした~
	찰지다 + ㄴ 粘り強い　現在連体形語尾

야소꾼	〔耶蘇-〕キリスト教の信徒 「야소（ヤソ）」に「꾼（その事を専門的、習慣的にする人を表す接尾辞）」が付いた形。

투성이	~だらけ

처녀다운 맛	〔処女-〕娘らしい感じ
	처녀 + 답다〈ㅂ変則〉 + 은 + 맛 娘　　~らしい　　　現在連体形語尾　感じ、味

뜬 품이	むくんだ様子が
	뜨다 + ㄴ + 품 + 이 むくむ　過去連体形語尾　様子　　　が

감출 길이 없었다	隠すすべがなかった
	감추다 + ㄹ 길이 없다 + 었다 隠す　　　~するすべがない　過去終結語尾

몸서리를 치리만큼	身震いをするほど
	몸서리를 치다 + 리만큼 身震いをする　　~するほど、~するくらい

질겁을 하다시피	うんざりするほど
	질겁을 하다 + 다시피 うんざりする　~するほど、~のごとく

1) [누ː러케]　2) [모ː타고]　3) [늘거가는]　4) [뽀조칸]　5) [돈뽀기]

PART. 2

　여학교 기숙사라면 으레 그런 편지가 많이 오는 것이지만
[마:니]
학교로도 유명하고 또 아름다운 여학생이 많은 탓인지 모르되
[여학쌩]　　[마:는]
하루에도 몇 장씩 ④죽느니 사느니 하는 사랑타령이 날아들어
[면짱]　[중느니]
왔었다. 기숙생에게 오는 사신을 ⑤일일이 검토하는 터이니까
[기숙쌩]　　　　　[일리리]
그따위 편지도 물론 B 여사의 손에 떨어진다. 달짝지근한 사연을
[달짝찌그난]
보는 족족 그는 더할 수 없이 흥분되어서 얼굴이 붉으락푸르락,
[족쪽]　　　　[쑤][업:씨]　　　　　　[불그락]
편지 든 손이 발발 떨리도록 성을 낸다.

　아무 까닭 없이 그런 편지를 받은 학생이야말로 큰 재변
[까달겁:씨]
이었다. 하학하기가 무섭게 그 학생은 사감실로 불리어 간다.
[하하카기가]
분해서 못 견디겠다는 사람 모양으로 쌔근쌔근하며 방안을

왔다 갔다하던 그는, 들어오는 학생을 잡아먹을 듯이 노리면서
[뜨시]
한 걸음 두 걸음 코가 ⑥맞닿을 만큼 바싹 다가 들어서서 딱
[맏따을]　　　　　　　　　　　　[땅]
마주선다.

PART. 2

　女学校の寄宿舎なら決まってそのような手紙がたくさん来るものだが、学校自体が有名で、また美しい女学生が多いせいなのか分からないが、一日にも数枚は、死ぬだの生きるだのという愛の告白の手紙が送られて来た。寄宿生に来る私信はいちいち検査するのだから、そんな手紙ももちろんB女史の手に入る。甘ったるい手紙の内容を見る度に、彼女はこの上なく興奮し、顔が赤くなったり青くなったり、手紙を持った手がぶるぶる震えるほど癇癪を起こす。

　何の理由もなく、そのような手紙をもらった寄宿生こそが、大きな災難だった。授業が終わるやいなや、その学生は舎監室に呼ばれて行く。腹立たしくて耐えられないという様子で、息を荒立てながら部屋の中を行ったり来たりしていた彼女は、入って来る学生を捕って食べてしまうかのようににらみつけながら、一歩二歩と鼻が触れ合うほどぴたっと詰め寄って向かい合う。

5. B사감과 러브레터

発音のポイント

④ 죽느니 [중느니]
死ぬだの
「죽」のパッチム「ㄱ」は、後に鼻音の「ㄴ」が続くと、鼻音の[ㅇ]に変わり、[중]と発音されます。

鼻音化(1)
p140

⑤ 일일이 [일 + ㄴ + 일이→일닐이→일리리]
いちいち
「일」と「일」をひとまとまりとして発音すると、前の「일」がパッチムで終わり、後ろの「일」の第一音節が「이」であるので、[ㄴ]が添加され、二つめの「일」は[닐]と発音されます。

ㄴ音の添加(1)
p144

なお、パッチム「ㄹ」の後に続く[ㄴ]は[ㄹ]に変わるので、[닐]は[릴]と発音されます。

ㄴ音の添加(2)
p145

⑥ 맞닿을 [맏닿을→맏따을]
触れ合う〜
「맞」のパッチム「ㅈ」は 代表音「ㄷ」と発音されるので、「맏」になります。[맏]のパッチム「ㄷ」に続く平音「ㄷ」は濃音[ㄸ]に変わり、[맏따]と発音します。

濃音化(1)
p142

なお、[맏따]のパッチム「ㅎ」の後に母音が続くと、「ㅎ」は発音されません。

連音化(4)
p138

発音チェック

CDを聞いて発音どおりにハングルで書いてみましょう。

1) 많이　　　　　[　　　　　] たくさん
2) 여학생　　　　[　　　　　] 女学生
3) 몇 장　　　　 [　　　　　] 何枚
4) 달짝지근한　　[　　　　　] 甘ったるい〜
5) 까닭 없이　　 [　　　　　] 理由もなく

解答は次のページの下にあります ≫

語句

모르되	分からないが
	모르다 + 되 分からない ～だが

죽느니 사느니	死ぬだの生きるだの
	죽다 + 느니 + 살다〈ㄹ語幹〉 + 느니 死ぬ 生きる -느니 -느니の形で　～だの　～だの

사랑타령	愛を訴えること、愛の告白　　타령：しきりに言うこと

검토하는 터이니까	〔検討-〕検査するのだから
	검토하다 + 는 + 터 + 이니까 検討する　現在連体形語尾　わけ　～だから、～なので

보는 족족	見る度に
	보다 + 는 족족 見る　～する度に、～ことごとく

떨리도록	震えるほど
	떨리다 + 도록 震える　～するほど

하학하기가 무섭게	〔下学-〕授業が終わるやいなや
	하학하다 + 기가 무섭게 授業が終わる　～するやいなや

쌔근쌔근하며	息を荒立てながら
	쌔근쌔근하다 + 며 はあはあ息をはずませる　～しながら

잡아먹을 듯이	捕って食べるかのように
	잡아먹다 + 을 + 듯이 捕って食べる、苦しめる　未来連体形語尾　～のように

1)〔마ː니〕　2)〔여학쌩〕　3)〔면짱〕　4)〔달짝찌그난〕　5)〔까달겁ː씨〕

PART. 3

⑦웬 영문인지 알지 못하면서도 선생의 기색을 살피고 겁부터
[웬:녕무닌지]　　　　[모:타면서도]　　　　　　　[겁뿌터]
집어먹은 학생은 한동안 ⑧어쩔 줄 모르다가 간신히 모기만한
　　　　　　　　　　　　[어쩔쭐]
소리로,

"저를 부르셨어요?" 하고 묻는다.
　　　　　　　　　　　[문:는다]

"그래 불렀다. 왜!"

팍 무는 듯이 한 마디 하고 나서 매우 못마땅한 것처럼 교의를
　　　　　　　　　　　　　　　　[몬:마땅한]　　　　[교이]
우당퉁탕 당겨서 철썩 주저앉았다가 학생이 그저 서 있는 걸
　　　　　　　　　　[안잗따가]
보면,

"장승이냐? 왜 앉지를 못해."
　　　　　　　[안찌]　[모:태]

하고 또 소리를 빽 지르는 법이었다. 스승과 제자는 조그마한
책상 하나를 새에 두고 마주 앉는다. 앉은 뒤에도,
　　　　　　　　　　　　　[안는다] [안즌]

"네 죄상을 네가 알지!"

하는 것처럼 ⑨아무 말 없이 눈살로 쏘기만 하다가 한참
　　　　　　　[아:무마:럽씨]　[눈쌀]
만에야 그 편지를 끄집어내어 학생의 코앞에 동댕이를 치며,
　　　　　　　　　　　　　　　　　[코아페]

"이건 누구한테 오는 거냐?"

하고 문초를 시작한다.
　　　　　　　[시자칸다]

PART. 3

　どういう訳か分からないながらも、先生の顔色をうかがって恐れをなした学生は、しばらくの間どうしていいか分からずにいたが、辛うじて蚊の鳴くような声で

「私をお呼びになりましたか」と尋ねる。

「そう、呼んだけど！」

　がぶっとかみつくように一言発してから、非常に気に食わない様子で椅子をがたんがたんと引き寄せ、ドスンと座り込んで、学生がそのまま立っているのを見ると、

「木像なのかい？ なぜ座らないんだ？」

とさらに声を荒げるのだった。先生と教え子は小さな机一つを間において向き合って座る。座った後も、

「あなたの罪状は、あなたが知っているわよね！」

とでも言うように、何も言わずに射るようににらみつけるだけでいたが、しばらくしてようやくその手紙を取り出して学生の鼻先に投げつけながら、

「これは誰に来たものなの？」

と取り調べを始める。

5. B사감과 러브레터

発音のポイント

⑦ 웬 영문인지　[웬ː + ㄴ + 영문인지→웬ː녕무닌지]
どういう訳か
「웬」と「영문」をひとまとまりの語として発音する場合、「영」
に[ㄴ]が追加され[녕]と発音されます。

ㄴ音の添加(1)
p144

⑧ 어쩔 줄　[어쩔쭐]
どうしていいか
「어쩌다」の未来連体形「어쩔」の後に来る平音「ㅈ」は濃
音[ㅉ]に変わり、[쭐]と発音されます。

濃音化(2)
p142

⑨ 아무 말 없이　[아ː무말ː업시→아ː무마ː럽씨]
何も言わず
2文字のパッチムは次に母音が来ると、右側のパッチムは後続
の初声に移って発音するので、「없이」は[업시]になります。
なお、[업]の後に来る「ㅅ」は濃音に変わり、[씨]と発音
されます。

連音化(2)
p138

濃音化(1)
p142

発音チェック

CDを聞いて発音どおりにハングルで書いてみましょう。

1) 묻는다　　[　　　　　]　尋ねる
2) 못마땅한　[　　　　　]　気に食わない〜
3) 앉는다　　[　　　　　]　座る
4) 눈살　　　[　　　　　]　にらむ目つき
5) 코앞에　　[　　　　　]　鼻先に

解答は次のページの下にあります ❯

語句

겁부터 집어먹은 -	恐れをなした〜

겁 + **부터** + **집어먹다** + **은**
恐れ　　〜から　　おじづく　　　過去連体形語尾
겁을 집어먹다　恐れる、恐れおののく

모기만한 소리	蚊の鳴くような声

모기 + **만하다** + **ㄴ** + **소리**
蚊　　　〜くらいだ　現在連体形語尾　声、音

무는 듯이	かみつくように

물다〈ㄹ語幹〉 + **는** + **듯이**
かむ　　　　現在連体形語尾　〜のように

장승	村の守り神として村の入口に立てておく男女一対の木像。背丈の高い人やぼんやり立っている人をたとえて言う。

지르는 법이었다	〔−法−〕荒げるのだった

지르다 + **는 법이다** + **었다**
怒鳴る　　　〜するものだ　　過去終結語尾

눈살	にらむ目つき

쏘기만 하다가	にらんでから

쏘다 + **기만 하다가**
にらむ　　〜してから（−다가の強調の意）

동댕이를 치며	投げつけながら

동댕이를 치다 + **며**
投げつける　　　　〜ながら

문초	〔問招〕尋問、取り調べ

1) [문ː는다]　2) [몬ː마땅한]　3) [안는다]　4) [눈쌀]　5) [코아페]

⑩앞 장에 제 이름이 쓰였는지라,
　[압짱]　　　　　　[쓰연는지라]

"저한테 온 것이야요."

　하고 대답 않을 수 없다. 그러면 발신인이 누구인 것을 채쳐
　　　　　　[안늘쑤]

묻는다.
[문는다]

　그런 편지의 항용으로 발신인의 성명이 똑똑치 ⑪않기 때문에
　　　　　　　　[발씨니네]　　　　　　　　　　[안키]

주저주저하다가 자세히 알 수 없다고 내대일 양이면,
　　　　　　　　　　　　[쑤][업:따고]　　　　[량]

"너한테 오는 것을 네가 모른단 말이냐?"

　고, 불호령을 내린 뒤에 또 사연을 읽어 보라 하여 무심한
　　　　　　　　　　　　　　　　　[일거보라]

학생이 나즉나즉하나마 꿀 같은 구절을 입술에 올리면, B
　　　[나증나즈카나마]　　　　　　　　　[입쑤레]

여사의 역정은 더욱 심해져서 어느 놈의 소위인 것을 기어이
　　　[역쩡]

알려 한다. 기실 보도 듣도 못한 남성의 한 노릇이요, 자기에
　　　　　　　　　　[모:탄]

게는 아무 죄도 없는 것을 변명하여도 ⑫곧이듣지를 않는다.
　　　　　　[엄:는]　　　　　　　　　[고지든찌를]

PART. 4

　表に自分の名前が書いてあるので、

「私に来たものです。」

と答えざるを得ない。すると差出人は誰なのかを促しながら尋ねる。

　そのような手紙の常として、差出人の姓名がはっきりしてないために、まごまごしてよく分からないと逆らおうものなら、

「あなた宛てに来たものを、あなたが知らないとでも言うの？」

と、雷を落とした後に、さらに手紙の内容を読んでみろと言い、無邪気な学生がやや低めの声で、蜜のような語句を口にすると、B女史の怒りはいっそうひどくなり、どいつのしわざなのかを必ず暴こうとする。その実、見たことも聞いたこともない男性のしたことであり、自分には何の罪もないことを弁明しても、信じてはくれない。

発音のポイント

⑩ 앞 장 ［압장→압짱］
（封筒の）表
「앞」のパッチム「ㅍ」は代表音［ㅂ］と発音されるので［압］になります。
なお、［압］のパッチム［ㅂ］の後に続く平音「ㅈ」は濃音［ㅉ］に変わり、［짱］と発音されます。

濃音化(1)
p142

⑪ 않기 ［안키］
～ではない～
「않」のパッチム「ㄶ」は左側を発音するので、［안］になります。
また、「않」の右のパッチム「ㅎ」と後に続く平音「ㄱ」が結合して激音［ㅋ］に変わり［키］と発音されます。

2文字のパッチム
(1)(3)
p137

⑫ 곧이듣지를 ［고지듣찌를］
信じては
「곧」のパッチム「ㄷ」は、後ろに「이」が続くと、［디］ではなく［지］と発音されます。

口蓋音化(1)
p141

また、［듣］のパッチム［ㄷ］の後に続く平音「ㅈ」は濃音［ㅉ］に変わり、［찌］と発音されます。

濃音化(1)
p142

発音チェック

CDを聞いて発音どおりにハングルで書いてみましょう。

1) 발신인의　　［　　　　］　差出人の
2) 읽어 보라　　［　　　　］　読んでみろ
3) 나즉나즉하나마［　　　　］　やや低めの声ではあるが
4) 입술에　　　［　　　　］　唇に
5) 없는 것을　　［　　　　］　ないことを

解答は次のページの下にあります ▶

語句

채처	催促して
	채치다 + 어
	促す ～して

내대일 양이면	逆らおうものなら
	내대이다 + ㄹ 양이면
	逆らう ～するものなら
	(내대이다は正書法では내대다)

모른단 말이냐	知らないとでも言うのか
	모르다 + ㄴ다는 말이다 + 냐　(단은다는の縮約形)
	知らない ～とでも言う ～か

무심한-	〔無心-〕 無邪気な～
	무심하다 + ㄴ
	無邪気だ、無心だ 現在連体形語尾

역정	〔逆情〕 怒りの尊敬語

알려 한다	知ろうとする
	알다 + 려 하다 + ㄴ다
	知る ～しようとする 現在終結語尾

보도 듣도 못한-	見たことも聞いたこともない～
	보다 + 도 + 듣다 + 도 + 못하다 + ㄴ
	見る ～も 聞く ～も ～ができない 過去連体形語尾
	(-도 -도 못하다の形で、並べて否定する表現)

곧이듣지를 않는다	信じてはくれない
	곧이듣다 + 지를 않다 + 는다
	真に受ける ～しない（를は強調） 現在終結語尾

1)［발씨니네］　2)［일거보라］　3)［나중나즈카나마］　4)［입쑤레］　5)［엄ː는거슬］

PART. 5

바른대로 아뢰어야 망정이지 그렇지 않으면 퇴학을 시킨다는
[그러치] [아느면]

둥, 제 이름도 모르는 여자에게 편지할 리가 만무하다는 둥,

필연 행실이 부정한 일이 있으리라는 둥……
[닐:]

하다못해 어디서 한 번 만나기라도 하였을 테니 어찌해서
[하다모태]

남자와 접촉을 하게 되었느냐는 둥, 자칫 잘못하여 학교에서
[잘모타여]

주최한 음악회나 '바자'에서 혹 보았는지 모른다고 졸라 못해
[으마쾨]   [보안는지]   [모:태]

주워댈 것 같으면 사내의 보는 눈이 어떻드냐, 표정이 어떻드냐,
[껄]   [어떠트냐]

무슨 말을 건네드냐, 미주알고주알 캐고 파며 얼르고 볶아서

⑬넉넉히 십 년 감수는 시킨다.
[넝너키] [심년]

두 시간이 ⑭넘도록 문초를 한 끝에는 사내란 믿지 못할 것,
[넘:또록]   [믿찌] [모:탈껃]

우리 여성을 잡아먹으려는 마귀인 것, 연애가 자유이니 신성이니

하는 것도 모두 악마가 지어낸 소리인 것을 입에 침이 없이 열에
[앙마]   [업:씨]

띠어서 한참 설법을 하다가 닦지도 않은 ⑮방바닥에 그대로
[설뻐블]   [닥찌도]   [방빠닥]

무릎을 꿇고 기도를 올린다.
[무르플] [꿀코]

PART. 5

　正直に申し上げればいいものを、さもなければ退学させるだとか、自分の名前も知らない女性に手紙を書くはずがないだとか、きっと身持ちの悪いことをしたのだろうとか……

　少なくともどこかで一度会ったことがあっただろうとか、どうやって男子と付き合うようになったのかとか、まかり間違って、学校で主催した音楽会や「バザー」で、もしかしたら会ったかも知れないと、せきたてられて、並べ立てようものなら、男の見る目はどうだったか、表情はどうだったか、どんな言葉をかけたのかと、根掘り葉掘り問いただしたり、なだめすかしたり責めたりして、たっぷり10年は寿命を縮めさせられる。

　2時間を超えるほど取り調べをした末に、男というものは信じられないもの、我々女性を自分のものにしようとする魔物であること、恋愛が自由だとか神聖だとかいうこともすべて悪魔が作り出した言葉であることを、口をすっぱくして、しばらく熱っぽく説法をしてから、拭いてもいない部屋の床にそのままひざまずいて祈りをささげる。

5. B사감과 러브레터

発音のポイント

⑬ 넉넉히 [넉넉히→넝너키]
たっぷり

一つめの「넉」のパッチム「ㄱ」は、鼻音の「ㄴ」の前で、鼻音の[ㅇ]に変わり、[넝]と発音されます。　鼻音化(1) p140

また、二つめの「넉」のパッチム「ㄱ」は、後に続く「ㅎ」と結合して激音[ㅋ]に変わり、[키]と発音されます。　激音化 p139

⑭ 넘도록 [넘:또록]
超えるほど

「넘도록」の語幹「넘」の後に続く平音「ㄷ」は濃音に変わり、[또]と発音されます。このように、語幹のパッチムが「ㅁ」か「ㄴ」の場合、後に続く平音は濃音で発音されます。　濃音化(5) p143

⑮ 방바닥 [방빠닥]
部屋の床

「방바닥」は「방」と「바닥」からなる合成語です。
合成語において、前の単語のパッチムが「ㄴ, ㄹ, ㅁ, ㅇ」の場合、その後に続く単語の初声平音は濃音化する場合が多いです。　濃音化(4) p143

発音チェック

CDを聞いて発音どおりにハングルで書いてみましょう。

1) 하다못해　　[　　　　　]　せめて
2) 잘못하여　　[　　　　　]　間違って
3) 십 년　　　 [　　　　　]　10年
4) 악마　　　　[　　　　　]　悪魔
5) 꿇고　　　　[　　　　　]　ひざまずいて

解答は次のページの下にあります ❯

84

語句

아뢰어야 망정이지	申し上げればいいものの

아뢰다 ＋ 어야 망정이지
申し上げる　　～ならいいけれど

시킨다는 둥	させるだとか

시키다 ＋ ㄴ다는 둥
させる　　～するとか（理由が多いことを表す）

편지할 리가 만무하다	〔便紙－万無－〕 手紙を書くはずがない

편지하다 ＋ ㄹ 리가 만무하다
手紙を書く　　～するはずがない、あり得ない

자칫 잘못하여	まかり間違って

자칫 잘못하다 ＋ 여
まかり間違う　　～して

졸리다 못해	せきたてられて

졸리다 ＋ 다 못해
せきたてられる　　～のあまり、～すぎて

주워댈 것 같으면	並べ立てようものなら

주워대다 ＋ ㄹ 것 같다 ＋ 으면
適当にあれこれ言う　～するようだ　　～なら

미주알고주알 캐고 파며	根掘り葉掘り問いただしたりして

미주알고주알 ＋ 캐다 ＋ 고 ＋ 파다 ＋ 며
根掘り葉掘り　　探り出す　～たり　掘り下げる　～して

얼르고 볶아서	なだめすかしたり責めたりして

얼르다 ＋ 고 ＋ 볶다 ＋ 아서
あやす　　～たり　痛めつける　　～して
얼르다는 어르다（あやす）の話し言葉

침이 없이	口をすっぱくして

침 ＋ 이 ＋ 없이
唾　　～が　　なく

1) ［하다모태］　2) ［잘모타여］　3) ［심년］　4) ［앙마］　5) ［꿀코］

PART. 6

　눈에 눈물까지 글썽거리면서 ⑯말끝마다 하느님 아버지를
[말:끈마다]

찾아서 악마의 유혹에 떨어지려는 ⑰어린양을 구해 달라고
[앙마에]　　　　　　　　　　　[어린냥]

뒤샮고 곱샮는 법이었다.
[뒤삼꼬] [곱쌈는]

　그리고 둘째로 그의 싫어하는 것은 기숙생을 남자가 면회하러
　　　　　　　　　　　　[시러하는]

오는 일이었다. 무슨 핑계를 하든지 기어이 못 보게 하고 만다.
　　　　　　　　[핑게]　　　　　　　　[몯:뽀게]

친부모, 친동기 간이라도 규칙이 어떠니, 상학 중이니 무슨
　　　　　　　　　　　　　　　　　　　　[쭝]

핑계를 하든지 따돌려 보내기가 일쑤다.

　이로 말미암아 학생이 동맹 휴학을 하였고 교장의 설유까지

들었건만 그래도 그 버릇은 고치려 들지 않았다.
[드럳껀만]　　　　　　　　　　　　[아낟따]

　이 B사감이 감독하는 그 기숙사에 금년 가을 들어서 괴상한
　　　　　　　[감도카는]　　　　　　　　　　　　[괴상한]

일이 '생겼다'느니보다 '발각되었다'는 것이 ⑱마땅할는지
니:리　　　　　　　　　　　　　　　　　[마땅할른지]

모르리라. 왜 그런고 하면 그 괴상한 일이 언제 '시작된' 것은

귀신밖에 모르니까.

− 이하 생략 −

PART. 6

　目に涙まで浮かべながら口を開きさえすれば父なる神を求め、悪魔の誘惑に落ちようとする子羊をお救いくださいと繰り返すのが常であった。

　そして、二番目に彼女が嫌うことは、男子が寄宿生に面会しに来ることだった。どんな言い訳をしてでも必ず会えなくさせてしまう。実の親、実の兄弟であれ規則がどうだとか、授業中だとかどんな言い訳をしてでも締め出すのが常だった。

　これによって学生が同盟休学をしたし、校長に諭されたにもかかわらず、それでもその癖を直そうとしなかった。

　このＢ舎監が監督するその寄宿舎に、今年の秋に入って怪しい事が、「起きた」というより「発覚した」というのがふさわしいかもしれない。なぜかといえば、その怪しい事がいつ「始まった」のかは神様しか知らないのだから。

— 以下省略 —

5. B사감과 러브레터

発音のポイント

⑯ 말끝마다 [말:끋마다→말:끈마다]
口を開きさえすれば

「끝」のパッチム「ㅌ」は代表音「ㄷ」と発音されるので、「끋」になります。「끋」のパッチム「ㄷ」は、後に鼻音の「ㅁ」が続くと、鼻音の「ㄴ」に変わり、「끈」と発音されます。

鼻音化(1)
p140

⑰ 어린양 [어린 + ㄴ + 양→어린냥]
子羊

合成語の場合、後続の単語の初声に[ㄴ]が添加されて発音されることがあります。
「어린」のように子音で終わる音節の後に、「양」のように母音「야」が続くと[ㄴ]が添加され「냥」と発音されます。

ㄴ音の添加(1)
p144

⑱ 마땅할는지 [마땅할른지]
ふさわしいか

「할」のパッチム「ㄹ」の後に続く「ㄴ」は[ㄹ]に変わるので、「는」は[른]と発音されます。

流音化(1)
p140

発音チェック

CDを聞いて発音どおりにハングルで書いてみましょう。

1) 싫어하는　　[　　　　　]　嫌う
2) 핑계　　　　[　　　　　]　言い訳
3) 앉았다　　　[　　　　　]　〜しなかった
4) 감독하는　　[　　　　　]　監督する〜
5) 괴상한 일이　[　　　　　]　怪しい事が

解答は次のページの下にあります ➤

語句

떨어지려는 – 　落ちようとする〜

떨어지다 ＋ 려는
落ちる　　　〜しようとする

구해 달라고 　〔救－〕お救いくださいと

구하다 ＋ 여 달라 ＋ 고
救う　　　〜してくれ　　と

하고 만다 　してしまう

하다 ＋ 고 말다〈ㄹ語幹〉 ＋ ㄴ다
する　　〜してしまう　　　　現在終結語尾

규칙이 어떠니 　〔規則－〕規則がどうだとか

규칙 ＋ 이 ＋ 어떻다〈ㅎ変則〉 ＋ 으니
規則　　が　　どうだ　　　　　　〜とか

설유까지 들었건만 　〔説諭－〕説教まで聞いたのに

설유 ＋ 까지 ＋ 듣다〈ㄷ変則〉 ＋ 었 ＋ 건만
説諭、説教　〜まで　　聞く　　　　　過去補助語幹　〜なのに

고치려 들지 않았다 　直そうとしなかった

고치다 ＋ 려 들다 ＋ 지 않다 ＋ 았다
直す　　　〜しようとする　　〜しない　　過去終結語尾

생겼다느니보다 　起きたというより

생기다 ＋ 었다 ＋ 느니보다
起きる　　過去終結語尾　〜というより

마땅할는지 　ふさわしいか

마땅하다 ＋ ㄹ는지
ふさわしい、似つかわしい　〜だろうか、〜のか

1)[시러하는]　2)[핑게]　3)[아낟따]　4)[감도카는]　5)[괴상한니:리]

第 2 章

ニュース

1 '하회·양동마을' 세계문화유산 등재

発音に注意してCDを聞きましょう。次に、CDの後についてリピートしましょう。

CD 67
1分27秒

　　안동 하회마을과 경주 양동마을이 유네스코 세계유산으로
[세:게]
등재됐습니다. 우리나라 10(열)번째 세계유산입니다.
　　　　　　　　　　　　[열빤]
　　유네스코 세계문화유산위원회는 브라질에서 열리고 있는
제34(삼십사)차 회의에서 한국의 두 역사 마을을 세계문화유
　　　　　　　　　　　　[한:구게]　[역싸]
산으로 등재하기로 결정했습니다. 유네스코는 하회와 양동이
　　　　　　　　　[결쩡]
조선시대 가옥과 정자, 서원 등 전통 주거 생활과 양반 문화를
잘 보존한 점을 높이 ①평가했습니다.
　　　　　　　　[노피]　[평까]
　　당초 유네스코 자문 기구가 두 마을의 통합 ②관리를 요구하며
　　　　　　　　　　　　　　　　　　　　[괄리]
등재 보류 의견을 냈지만, 우리나라가 보존 ③협의회를 구성해
　　　　　　　　　　　　　　　　　　　[혀비회]
대응한 것이 효과를 거뒀습니다.
　　이로써 우리나라는 석굴암, 불국사와 해인사 장경판전 등
　　　　　　　　　　　[석꾸람]　[불국싸]
모두 10(열)건의 세계유산을 보유하게 됐습니다.
　　　[열껀]
　　문화재청은 안동, 경주시와 함께 세계유산 등재를 축하고
　　　　　　　　　　　　　　　　　　　　　　　[추카]
가치를 알리기 위한 기념행사를 개최하기로 했습니다.

'河回・良洞村' 世界文化遺産登録

　安東の河回村と慶州の良洞村がユネスコ世界遺産に登録されました。我が国10番目の世界遺産です。

　ユネスコ世界文化遺産委員会は、ブラジルで開かれている第34回会議で、韓国の二つの歴史村を世界文化遺産に登録することに決めました。ユネスコは、河回と良洞が朝鮮王朝時代の家屋やあずまや、書院など、伝統住居生活と両班文化をよく保存した点を高く評価しました。

　当初、ユネスコ諮問機構は二つの村の統合管理を要求し登録の保留意見を出しましたが、我が国が保存協議会を作って対応したことが、効果をあげました。

　これで我が国は石窟庵、仏国寺と海印寺の蔵経板殿など、合わせて10件の世界遺産を保有することになりました。

　文化財庁は安東・慶州市とともに世界遺産登録を祝って価値を広めるための記念行事を開催することにしました。

1. '하회・양동마을' 세계문화유산 등재

発音のポイント

① 평가 [평까]
評価
漢字の가(価)は、第二音節以降に用いられると、濃音の[까]で発音されることが多いです。
　例) 주가[주까] 株価　　물가[물까] 物価

濃音化(6)
p143

② 관리 [괄리]
管理
「관」のパッチム「ㄴ」は、「ㄹ」の前では[ㄹ]と変わるので、「관」は[괄]と発音されます。

流音化(1)
p140

③ 협의회 [혀비회→혀비회]
協議会
「의」の発音は、語中や語末では[이]と発音します。

「ㅢ」の発音(2)
p134

発音チェック

CDを聞いて発音どおりにハングルで書いてみましょう。

1) 열 번째　　[　　　　　]　10番目
2) 역사　　　[　　　　　]　歴史
3) 결정　　　[　　　　　]　決定
4) 석굴암　　[　　　　　]　石窟庵
5) 축하　　　[　　　　　]　祝賀

解答は次のページの下にあります ≫

語句

| 하회 | 〔河回〕 慶尚北道安東市にある村。河回仮面踊りでも有名。 |

| 마을 | 村 |

| 양동 | 〔良洞〕 慶尚北道 慶州市にある村 |

| 우리나라 | 我が国　韓国の代わりによく使う |

| 등재하기로 | 〔登載−〕 登録することに |

　　등재하다　＋　**기로**
　　登載する　　　〜することに

| 양반 | 〔両班〕 高麗・朝鮮王朝時代の文官と武官からなる特権的な官僚階級、身分。 |

| 거뒀습니다 | あげました、得ました |

　　거두다　＋　**었습니다**
　　あげる　　　〜ました

| 석굴암 | 〔石窟庵〕 慶州市の吐含山（토함산）にある、韓国の代表的な石穴寺院。釈迦如来座像を中心にまわりに多くの仏像が彫刻されている。1995年ユネスコ世界文化遺産に指定。 |

| 불국사 | 〔仏国寺〕 慶州市の吐含山の麓にある寺。1995年ユネスコ世界文化遺産に指定。 |

| 해인사 | 〔海印寺〕 慶尚南道陜川郡の伽倻山にある寺。8万1258枚の大蔵経板を所蔵。 |

| 장경판전 | 〔蔵経板殿〕 蔵経板（仏教の大蔵経の版木）を保存している建物。 |

1)［열뻔째］　2)［역싸］　3)［결쩡］　4)［석꾸람］　5)［추카］

2　서울 지하철 2호선 2시간 넘게 '마비'

発音に注意してCDを聞きましょう。次に、CDの後についてリピートしましょう。

오늘 낮 서울 지하철 2(이)호선이 일부 구간에서 2(두)시간
　　　　　　　　　　　　　　　　　　　　　　　　　　[랄]
①넘게 멈춰 서는 바람에 이용객이 많은 강남 지역은 마비되다
　[넘ː께]　　　　　　　　　　　　　[마ː는]
시피 했습니다.

오늘 오전 10(열)시 3(삼)분, 지하철 2(이)호선 ②삼성역을
　　　　　　　　　　　　　　　　　　　　　　　　　[삼성녁]
출발한 전동차가 20m(이십 미터)를 달리다 멈춰 섰습니다.
전력을 공급해 주는 선이 갑자기 끊어지면서 지하철 운행이
[절ː력]　 [공그패]　　　　　[갑짜기]　[끄너지면서]
중단된 것입니다.
　　　　[거심니다]
전동차에 타고 있던 승객 2(이)백여 명은 사고 직후 모두
　　　　　　　　　　　　　[일면]　　　　　　　[지쿠]
밖으로 대피했습니다.
[바끄로]
이 사고로 삼성역에서 성수역 방향 8(여덟)개 역의 전동차
　　　　　　　　　　　　　　　　　　[여덜깨]
운행이 2(두)시간 넘게 전면 중단됐습니다. 또 사고 여파로
　　　　　　　[넘ː께]
나머지 구간에서도 지하철이 20~30(이삼십)분씩 지연 운행됐
습니다.

서울메트로 측은 전 구간에 대한 긴급 점검에 나섰지만,
신림역에서 신천역까지 구간의 전기선이 모두 교체 시기가
[실림녁]　　[신천녁]
지났거나 임박한 상태여서 재발 ③가능성도 배제할 수 없습니다.
　　　　[임바칸]　　　　　　　　[가ː능썽]　　　　[쑤][업ː씀니다]

ソウル地下鉄 2号線 2時間以上'麻痺'

　今日の昼ソウル地下鉄2号線が、一部の区間で2時間以上止まったため、利用客が多い江南地域はほとんど麻痺状態になりました。

　今日の午前10時3分、地下鉄2号線三成駅を出発した電車が20m走ったところで停止しました。電力を供給する線が急に切れ、地下鉄の運行が中断されたのです。

　電車に乗っていた乗客二百人あまりは、事故直後全員外へ避難しました。

　この事故で、三成駅で聖水駅方面の八つの駅で電車の運行が2時間以上、すべて止まりました。また事故の影響で残り区間でも地下鉄が20分から30分ずつ遅れて運行されました。

　ソウルメトロ側は、全区間に対して緊急点検を始めましたが、新林駅から新川駅までの区間の電気線は、すべて入れ替え時期が過ぎたか時期が迫った状態なので、再発の可能性も否定できません。

2. 서울 지하철 2호선 2시간 넘게 '마비'

発音のポイント　CD●71

① 넘게 [넘ː께]
超えて
「넘게」の語幹「넘」の後に続く平音「ㄱ」は濃音に変わり、[께]と発音されます。このように、語幹のパッチムが[ㅁ]か[ㄴ]の場合、後に続く平音は濃音で発音されます。

濃音化(5)
p143

② 삼성역 [삼성＋ㄴ＋역→삼성녁]
三成駅
合成語の場合、後続の単語の初声に[ㄴ]が添加されて発音されることがあります。
「삼성」のように子音で終わる音節の後に、「역」のように母音「여」が続くと[ㄴ]が添加され、[녁]と発音されます。

ㄴ音の添加(1)
p144

③ 가능성 [가ː능썽]
可能性
漢字の성(性)は、2音節以上の名詞の後に用いられると、濃音化して[썽]と発音します。
　例) 우수성 [우수썽] 優秀性　　인간성 [인간썽] 人間性
しかし、성(性)の前が1音節の場合は、濃音化するとは限りません。　　例) 개성 [개성] 個性　　양성 [양성] 陽性

濃音化(6)
p143

発音チェック　CD●72

CDを聞いて発音どおりにハングルで書いてみましょう。

　　1) 전력　　　　　　[　　　　　　] 電力
　　2) 끊어지면서　　[　　　　　　] 切れて
　　3) 8(여덟)개　　　[　　　　　　] 八つ
　　4) 신림역　　　　[　　　　　　] 新林駅
　　5) 임박한　　　　[　　　　　　] 差し迫った〜

解答は次のページの下にあります ❯

語句

멈춰 서는 바람에	立ち止まったため

멈추다 ＋ 어 ＋ 서다 ＋ 는 바람에
中止する　　連用形語尾　　止まる　　　～ために

강남	〔江南〕ソウルの東西を流れる漢江の南の地域

마비되다시피 했습니다	〔麻痺-〕ほとんど麻痺しました

마비되다 ＋ 다시피 하다 ＋ 였습니다
麻痺する　　ほとんど～のようになる　　～ました

전동차	〔電動車〕電車、鉄道車両

달리다	走っている途中

달리다 ＋ 다
走る　　　～する途中

대피	〔待避〕避難

나섰지만	乗り出したが

나서다 ＋ 었 ＋ 지만
乗り出す　　過去補助語幹　　～だが

지났거나	過ぎたか

지나다 ＋ 았 ＋ 거나
過ぎる　　過去補助語幹　　～か、～たり

배제할 수 없습니다	〔排除-〕排除することはできません

배제하다 ＋ ㄹ 수 없다 ＋ 습니다
排除する　　　～することができない　　～ます

1)〔절ː력〕　2)〔끄너지면서〕　3)〔여덜깨〕　4)〔실림녁〕　5)〔임바칸〕

3　주말까지 열대야, 무더위 계속

発音に注意してCDを聞きましょう。次に、CDの後についてリピートしましょう。

①올여름 들어 처음으로 서울에도 폭염 주의보가 내려졌습
[올려름]　　　　　　　　　　　　[포겸] [주:이보]
니다. 현재 충남과 호남, 경북 내륙 지역에 폭염 경보가, 그
　　　　　　　　　　　　　　　[찌역]
밖의 전국 대부분 지방에 폭염 주의보가 발효 중입니다.
[바께]

오늘 밤에도 ②열대야가 이어지겠고, 모레까지 무더위가
　　　[빰]　　[열때야]

계속될 것으로 보입니다.
[게:속뙬][껏]

오늘은 대체로 맑은 가운데 자외선도 강한 하루였습니다.
　　　　　　　[말근]

내일은 전국이 대체로 맑겠지만 늦은 오후나 밤에는 중부와
　　　　　　　　　　[말껟찌만]

전북 내륙 지방에 한때 소나기가 오는 곳이 있겠습니다. 아침에
　　　　[찌방]

서해안과 내륙에 짙은 안개가 끼는 곳이 많겠습니다. 낮 기온은
　　　　　　　　[지튼]　　　　　　　　　[만:켇씀니다]

서울 33(삼십삼)도, 대구 36(삼십육)도까지 오르겠습니다.
　　　　　　　　　　　　　[삼심뉵또]

월요일부터 ③중부 지방을 중심으로 비가 오면서 더위가
　　　　　　[중부찌방]

차츰 수그러들 것으로 전망됩니다.
　　　　　　　　[껏]

100

週末まで熱帯夜、蒸し暑さ続く

　今年の夏に入って初めて、ソウルにも猛暑注意報が出されました。現在、忠南（忠清南道）と湖南（全羅道地方）、慶北（慶尚北道）の内陸地域に猛暑警報が、その他の全国ほとんどの地域で猛暑注意報が発令されています。

　今夜も熱帯夜が続き、あさってまで蒸し暑さが続きそうです。

　今日は大体晴れて、紫外線も強い一日でした。

　明日は全国で大体晴れますが、午後遅い時間や夜には、中部と全北（全羅北道）の内陸地方で一時夕立の降る所があるでしょう。朝、西海岸と内陸に濃い霧のかかる所が多いでしょう。昼の気温は、ソウルは33度、大邱は36度まで上がるでしょう。

　月曜日から中部地方を中心に雨が降り、暑さは徐々に弱まると予想されます。

3. 주말까지 열대야, 무더위 계속

発音のポイント

① 올여름 [올너름→올려름]
今年の夏

「올」と「여름」をひとまとまりの語として発音する場合、「여」に［ㄴ］が添加され［녀］と発音されます。　ㄴ音の添加(1) p144

なお、「올」のパッチム「ㄹ」の後に来る「ㄴ」は［ㄹ］に変わるので、［녀］は［려］と発音されます。　ㄴ音の添加(2) p145

② 열대야 [열때야]
熱帯夜

漢字語において、「ㄹ」パッチムの後に続く平音「ㄷ, ㅅ, ㅈ」は濃音化するので、「대」は［때］と発音されます。　濃音化(3) p142

③ 중부 지방 [중부찌방]
中部地方

지방（地方）は、地域を表す名詞の後に用いられる場合、「ㅈ」が濃音に変わり［찌］と発音されます。

　例）열대 지방［열때찌방］熱帯地方
　　　북부 지방［북뿌찌방］北部地方

発音チェック

CDを聞いて発音どおりにハングルで書いてみましょう。

1) 폭염 주의보　［　　　　　］　猛暑注意報
2) 그 밖의　　　［　　　　　］　その他の
3) 오늘 밤　　　［　　　　　］　今夜
4) 많겠습니다　　［　　　　　］　多いでしょう
5) 36(삼십육)도　［　　　　　］　36度

解答は次のページの下にあります ▶

語句

올여름 들어 　今年の夏に入って

올여름 ＋ 들다 ＋ 어
今年の夏　　入る、始まる　　〜して

폭염 　〔暴炎〕 猛暑、酷暑

내려졌습니다 　出されました

내리다 ＋ 어지다 ＋ 었습니다
下りる　　　〜られる　　　〜ました

발효 중입니다 　〔発効 中−〕 発令中です

발효 ＋ 중 ＋ 입니다
発令　　中　　〜です

이어지겠고 　続いて

이어지다 ＋ 겠 ＋ 고
続く　　　推量の補助語幹　　〜して

계속될 것으로 보입니다 　〔継続−〕 続きそうです

계속되다 ＋ ㄹ 것으로 보이다 ＋ ㅂ니다
続く　　　〜しそうだ、すると思われる　　　〜です

맑은 가운데 　晴れている中

맑다 ＋ 은 ＋ 가운데
晴れている　現在連体形語尾　中、うち

끼는 곳 　かかる所

끼다 ＋ 는 ＋ 곳
かかる、立ちこめる　現在連体形語尾　所

수그러들 것으로 전망됩니다 　〔−展望−〕 弱まると予想されます

수그러들다〈ㄹ語幹〉 ＋ ㄹ 것으로 ＋ 전망되다 ＋ ㅂ니다
弱まる、和らぐ　　　〜すると　　予想される　　〜ます

1) [포겸쭈:이보]　 2) [그바께]　 3) [오늘빰]　 4) [만:켈씀니다]　 5) [삼심뉴또]

4　내일 중부·경북 내륙 한파주의보

発音に注意してCDを聞きましょう。次に、CDの後についてリピートしましょう。

중부 내륙과 경북 북부 지방에 다시 한파 ①주의보가 내려
　　　　[북뿌찌방]　　　　　　　　　　　[주:이보]
졌습니다. 내일 아침 서울이 영하 12(십이)도까지 내려가는 등
　　　　　　　　　　　　　　　[시비:도]
전국이 영하권으로 떨어지겠습니다.
　　　　[영하꿘]

　오늘 전국이 대체로 맑은 날씨였지만 동해안은 북동 기류의
　　　　　　　　　　[말근]　　　　　　　　　　[북똥]
영향으로 흐린 가운데 눈이나 비가 내렸습니다.

　내일은 전국이 대체로 ②맑겠지만 서해안에는 최고 8cm(팔
　　　　　　　　　　　[말껟찌만]
센티미터)정도의 눈이 내리겠습니다. 내일 아침에는 철원이
영하 17(십칠)도, 서울이 영하 12(십이)도까지 떨어지겠고, 낮
　　　　　　　　　　　　　　　　　　　　　　[떠러지겓꼬]
기온도 서울 영하 5(오)도, 광주 영상 2(이)도, 부산이 4(사)도에
머물면서 춥겠습니다.
　　　　[춥껟씀니다]
　바다의 ③물결은 모든 해상에 풍랑 특보가 내려진 가운데
　　　　[물껼]　　　　　　　[풍낭][특뽀]
내일도 최고 4(사)미터로 높게 일겠습니다.
　　　　　　　　　　　[놉께]
　이번 추위는 일요일부터 점차 풀리겠고, 당분간 대체로 맑은
　　　　　　　　　　　　　　　　　　　　　　　　　　[말근]
날씨가 이어지겠습니다.

明日、中部・慶北内陸、寒波注意報

　中部の内陸と慶北（慶尚北道）の北部地方にまた寒波注意報が出されました。明日の朝、ソウルは零下12度まで下がるなど、全国で零下になるでしょう。

　今日は全国的に大体晴れましたが、東海岸は北東気流の影響で曇っていて雪や雨が降りました。

　明日は全国的に大体晴れますが、西海岸では最高8cm程度の雪が降るでしょう。明日の朝は鉄原は零下17度、ソウルは零下12度まで下がり、昼の気温もソウルは零下5度、光州は2度、釜山は4度にとどまり寒いでしょう。

　海の波は、すべての海上で波浪特報が出され、明日、波は最高4メートルの高さになるでしょう。

　今度の寒さは日曜日から徐々に和らいで、しばらくは大体晴れる日が続くでしょう。

4. 내일 중부・경북 내륙 한파주의보

発音のポイント　CD●77

① 주의보 ［주:이보］
注意報
「의」は、語中や語末では［이］と発音します。

「ㅢ」の発音(2)
p134

② 맑겠지만 ［말껟찌만］
晴れますが
「맑」のパッチム「ㄺ」は、右側を発音しますが、「ㄱ」の前では左側の子音を発音します。
　例) 맑다［막따］晴れている
　　　맑고［말꼬］晴れていて

2文字のパッチム(4)
p138

③ 물결 ［물껼］
波（물 水 ＋ 결 動き）
合成語において、前の単語(물)のパッチムが「ㄴ, ㄹ, ㅁ, ㅇ」の場合、後続の単語(결)は濃音に変わり、［껼］と発音されます。

濃音化(4)
p143

発音チェック　CD●78

CDを聞いて発音どおりにハングルで書いてみましょう。

　1) 북부 지방　　［　　　　　］　北部地方
　2) 영하권　　　［　　　　　］　零下圏
　3) 떨어지겠고　［　　　　　］　下がって、落ちて
　4) 춥겠습니다　［　　　　　］　寒いでしょう
　5) 풍랑　　　　［　　　　　］　暴風や高波

解答は次のページの下にあります ❯

106

語句

떨어지겠습니다	落ちるでしょう
	떨어지다 + 겠 + 습니다 落ちる、下がる　推量の補助語幹　〜ます

대체로	〔大体－〕大体

흐린 가운데	曇っていて
	흐리다 + ㄴ + 가운데 曇っている　現在連体形語尾　中、うち

영상	〔零上〕零度以上の気温

머물면서	とどまり
	머물다 + 면서 とどまる　〜しながら、〜と同時に

풍랑	〔風浪〕暴風や高波

특보	〔特報〕（気象に急な変化が生じた時などの）特別の報道

일겠습니다	起こるでしょう
	일다 + 겠 + 습니다 起こる　推量の補助語幹　〜ます

풀리겠고	和らいで
	풀리다 + 겠 + 고 和らぐ　推量の補助語幹　〜して

이어지겠습니다	続くでしょう
	이어지다 + 겠 + 습니다 続く　推量の補助語幹　〜ます

1) [북뿌찌방]　2) [영하핀]　3) [떠러지겓꼬]　4) [춥껟씀니다]　5) [풍낭]

第 3 章

詩調・詩

1 아버님 날 낳으시고

정철

아버님 날 낳으시고 어머님 날 기르시니
　　　[나으시고]

두 분 곧 아니시면 이 몸이 살았을까
　　　　　　　　　　　　[사라쓸까]

하늘같은 가없는 은덕을 어디 대어 갚사오리
[가튼] [가:엄는]　　　　　　　　　[갑싸오리]

父上は私を生み　　　　　　　　　　　　鄭澈

父上は私を生み　母上は私を育て

ふたりがいなければ　この身は生きていようか

天のような限りない恩を　どのように返せようか

詩調について

高麗末期（13世紀）から発達した韓国固有の定型詩。現在も文学のジャンルとして確固たる地位を占めている。形式は、初章（3・4・4・4）、中章（3・4・4・4）、終章（3・5・4・3）の45字前後から成り立つ。

作者

鄭澈【チョン・チョル】
1536~1593年

朝鮮中期の文官、学者、詩調詩人。「성산별곡　星山別曲」など4編の歌辞と詩調107首が伝わる。この詩調は、民を啓蒙し教化するために作った「훈민가　訓民歌」16首の一つで、「孝」が主題。

2. 동짓달 기나긴 밤을 　　　　　황진이

동짓달 기나긴 밤을 한 허리를 베어내어
[동짇딸]

춘풍 이불 아래 서리서리 넣었다가
　　　　　　　　　　　　[너얻따가]

님 오신 날 밤이어든 굽이굽이 펴리라
　　　　　　　　　　[구비구비]

霜月の長い夜を　　　　　　　　　　　　黄眞伊

霜月の長い夜を　真ん中を切り取り

春風のような布団の下に　ぐるぐる巻いては

あなたがいらした日の夜に　くるくる広げよう

作者

黄眞伊【ファン・ジニ】
16世紀頃

黄海道開城生まれ。朝鮮中期の詩調詩人、妓生（キーセン）。優れた書や歌と抜群の美貌で、当代の文人、学者らを魅惑した。奇抜なイメージと粋な表現で、朝鮮詩調文学の白眉に数えられる「청산리 벽계수야　青山里碧渓水よ」など、詩調６首が伝わる。

3. 한 손에 막대 잡고

우탁

한 손에 막대 잡고 또 한 손에 가시 쥐고
[막대]

늙는 길 가시로 막고 오는 백발 막대로 치려터니
[늘는]　　　　　　　　　　　[백발]

백발이 제 먼저 알고 지름길로 오더라
　　　　　　　　　[지름낄]

片手には棒を持ち

禹倬

片手には棒を持ち　また片手には茨を握り

老いる道を茨で防ぎ　来る老いを棒で打たんと思えど

老いは自ら早くも気づき　近道より来たり

作者

禹倬【ウ・タク】
1263～1342年

高麗後期の儒者。「탄로가 歎老歌」2首は、作者が明らかな詩調としては最も古いとされる作品で、ユーモアと機知に富んだ秀作。

4 태산이 높다 하되   양사언

태산이 높다 하되 하늘 아래 뫼이로다
　　　　[놉따]

오르고 또 오르면 못 오를리 없건마는
　　　　　　　[모:도를리] [업:껀마는]

사람이 제 아니 오르고 뫼만 높다 하더라

泰山高しと言えども

楊士彦

泰山高しと言えども　空の下の山である

登りまた登れば　登れぬことはなきを

人は自らは登らずに　山高しと言うのみ

作者

楊士彦【ヤン・サオン】
1517~1584年

朝鮮前期の文官、書家。
朝鮮王朝時代前期の四大書家の一人。
自然を愛し多くの山を歩いた。金剛山萬瀑洞の岩に
「봉래풍악원화동천（蓬萊楓嶽元化洞天）」と刻まれた彼
の字が今も残っている。

서시

윤동주

죽는 날까지 하늘을 우러러
[중는]

한 점 부끄럼이 없기를,
　　　　　　　[업:끼를]

잎새에 이는 바람에도
[입쌔에]

나는 괴로워했다.
　　　　　[핻따]

별을 노래하는 마음으로
[벼:를]

모든 죽어가는 것을 사랑해야지.

그리고 나한테 주어진 길을

걸어가야겠다.
　　　　[겓따]

오늘 밤에도 별이 바람에 스치운다.
[오늘빠메도]　[벼:리]

序詩

尹東柱

死ぬ日まで空を仰ぎ

一点の恥辱(はじ)なきことを、

葉あいにそよぐ風にも

わたしは心痛んだ。

星をうたう心で

生きとし生けるものをいとおしまねば

そしてわたしに与えられた道を

歩みゆかねば。

今宵も星が風に吹きさらされる。

（伊吹郷訳『尹東柱全詩集　空と風と星と詩』影書房より）

作者

尹東柱【ユン・ドンジュ】
1917~1945年

詩人。旧満州国北間島生まれ。延禧専門学校（現・延世大学校）を卒業。同志社大学に留学中の1943年に治安維持法違反の容疑で逮捕され、福岡刑務所で獄死。強靭な意志と純粋な叙情を併せ持つ詩人と評される。1941年に創作された「서시　序詩」は、韓国では誰もが知る人気の高い詩である。
母校である延世大学校と同志社大学に代表作「서시　序詩」の詩碑がある。

6 엄마야 누나야

김소월

엄마야 누나야 강변 살자.

뜰에는 반짝이는 금모래빛
[뜨레는]   [금모래삗]

뒷문 밖에는 갈잎의 노래
[뒨ː문]   [갈리페]

엄마야 누나야 강변 살자.

母さん 姉さん

金素月

母さん　姉さん　川辺で暮らそうよ

庭には輝く金の砂

裏門の外には葦たちの歌

母さん　姉さん　川辺で暮らそうよ

作者

金素月【キム・ソウォル】
1902~1934年

詩人。平安北道亀城生まれ。1922年に「엄마야 누나야 母さん姉さん」代表作「진달래꽃 つつじの花」を発表し、脚光を浴びる。1924年に発表した「산유화 山有花」は、人生と自然とを重ね合わせた東洋的な思想が込められた詩で、日常的な言葉の中に美しい響きが感じられる。韓国では読者が最も多いと言われる詩人であり、伝統的な叙情と民謡的な韻律の詩から、国民詩人、民族詩人と呼ばれている。

7 진달래꽃

김소월

나 보기가 역겨워
[역꺼워]

가실 때에는

말없이 고이 보내 드리오리다.
[마:럽씨]

영변에 약산
[약싼]

진달래꽃,

아름 따다 가실 길에 뿌리오리다.
[가실끼레]

가시는 걸음 걸음

놓인 그 꽃을
[노인] [꼬츨]

사뿐히 즈려 밟고 가시옵소서.
[즈려밥:꼬]

나 보기가 역겨워

가실 때에는

죽어도 아니 눈물 흘리오리다.

つつじの花

金素月

私を見るのも疎ましく

去ってしまわれるときは

何も言わずに、そっとお送りいたしましょう

寧辺の薬山の

つつじの花

両手いっぱいに摘んで、去っていく道に撒きましょう

踏み出す一歩一歩

撒かれたその花を

そっと踏みしめて、お行きください

私を見るのも疎ましく

去ってしまわれるときは

死んでも涙は流しません

8 산유화   김소월

산에는 꽃 피네.

꽃이 피네.
[꼬치]
갈 봄 여름 없이
[업:씨]
꽃이 피네.

산에

산에

피는 꽃은
[꼬츤]
저만치 혼자서 피어 있네.
[인네]

산에서 우는 작은 새여.
[자:근]
꽃이 좋아
[조:아]
산에서

사노라네.

산에는 꽃 지네.

꽃이 지네.

갈 봄 여름 없이

꽃이 지네.

山有花

金素月

山には　花　咲く

花が咲く

秋 春 夏なく

花が咲く

山に

山に

咲く花は

そこらに　ひとりで　咲いている

山に鳴く　小さい鳥よ

花が好きで

山に

暮らすのだろう

山には　花 散る

花が散る

秋 春 夏なく

花が散る

9 꽃

김춘수

내가 그의 이름을 불러 주기 전에는

그는 다만

하나의 몸짓에 지나지 않았다.

내가 그의 이름을 불러 주었을 때

그는 나에게로 와서

꽃이 되었다.

내가 그의 이름을 불러 준 것처럼

나의 이 빛깔과 향기에 알맞은

누가 나의 이름을 불러 다오.

그에게로 가서 나도

그의 꽃이 되고 싶다.

우리들은 모두

무엇이 되고 싶다.

너는 나에게 나는 너에게

잊혀지지 않는 하나의 눈짓이 되고 싶다.

花

金春洙

私がその名を呼ぶまでは
それはただ
一つの仕草に過ぎなかった。

私がその名を呼んだとき
その人は私のもとにやって来て
花になった。

私がその名を呼んだように
私のこの彩りと香りにふさわしい
だれか　私の名を呼んでおくれ。
その人のもとに行き　私も
その人の花になりたい。

私たちはみんな
何かになりたい
あなたは私に　私はあなたに
忘れられぬ一つのまなざしになりたい。

作者

金春洙【キム・チュンス】
1922〜2004年

詩人。慶尚南道統営生まれ。日本大学芸術科中退。高校教師、慶北大学校・嶺南大学校教授を経て、1981年国会議員に。1986年には韓国詩人協会会長に就任。大韓民国芸術院賞・大韓民国文学賞・素月詩文学賞などを受賞。韓国の代表的な現代詩人。

10 행복

유치환

– 사랑하는 것은

사랑을 받느니보다 행복하나니라.
　　　[반느니]　　　[행:보카나니라]

오늘도 나는

에메랄드빛 하늘이 환히 내다뵈는
　　　　　　　　　　[뾘]

우체국 창문 앞에 와서 너에게 편지를 쓴다.

행길을 향한 문으로 숱한 사람들이
　　　　　　　　　[수탄]

제각기 한 가지씩 생각에 족한 얼굴로 와선
[제각끼]　　　　　　　　[조칸]

총총히 우표를 사고 전보지를 받고
　　　　　　　　　　　　[받꼬]

먼 고향으로 또는 그리운 사람께로

슬프고 즐겁고 다정한 사연들을 보내나니.

幸福

柳致環

-愛することは

愛されるより幸せなのだ

今日も僕は

エメラルド色の空が広々と見渡せる

郵便局の窓の前に来て君に手紙をしたためる

大通りに面した扉から　多くの人々が

それぞれにひとつひとつの思いに浸った顔でやって来ては

慌ただしく切手を買い　電報用紙を受け取り

遠い故郷へまたは恋しい人へ

悲しく喜ばしく情深き手紙を送る

作者

柳致環【ユ・チファン】
1908～1967年

詩人。慶尚南道統営生まれ。延禧専門学校(現・延世大学校)文科中退。
朝鮮戦争に従軍文人として参加し、終戦後は故郷で教師をしながら詩作に取り組む。生命派詩人と呼ばれ、代表作である「깃발　旗」には、虚無を克服しようとする生命の強い意志が表れている。自由文学賞・芸術院賞受賞。
「행복　幸福」は女流詩調詩人 이영도【李永道】へのプラトニックな愛をつづった詩であり、彼女に送った愛の手紙を集めた書簡集「사랑하였으므로 행복하였네라 愛したゆえに幸せだった」がある。

10. 행복

세상의 고달픈 바람결에 시달리고 나부끼어
[세:상에]　　　　[바람껴레]

더욱더 의지 삼고 피어 헝클어진 인정의 꽃밭에서
　　　　[삼:꼬]　　　　　　　　　　　[꼳빠테서]

너와 나의 애틋한 연분도
　　　　[애트탄]

한 망울 연연한 진홍빛 양귀비꽃인지도 모른다.
　　　　　　　　　[지농삗]

- 사랑하는 것은

사랑을 받느니보다 행복하나니라.

오늘도 나는 너에게 편지를 쓰나니

- 그리운 이여, 그러면 안녕!

설령 이것이 이 세상 마지막 인사가 될지라도
　　　　　　　　　　　　　　　[될찌라도]

사랑하였으므로 나는 진정 행복하였네라.
　　　　　　　　　　　　[행:보카연네라]

世間のつらい風に吹かれあおられ

いっそう寄り添い　咲き乱れる人の情けの花園で

君と僕のせつない縁も

一つの恋焦がれる　真紅のけしの花のつぼみかも知れぬ

－愛することは

愛されるより幸せなのだ

今日も僕は君に手紙をしたためる

－恋しい人よ　さようなら！

たとえこれがこの世で最後の挨拶になろうとも

愛したゆえに僕は本当に幸せだった

発音のルール

発音のルール

韓国語は、前後に来る文字によって発音が変化することが多く見られます。そのため、表記と発音が一致しない場合があるので、注意が必要です。ここでは、表記と異なる音に変化するルールや注意したい発音をまとめました。少しずつ覚えて慣れるようにしましょう。

下の文字を見てください。一つの音節は三つの要素で成り立っています。

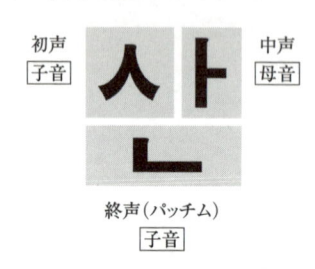

初声 子音　　中声 母音

사
ㄴ

終声(パッチム) 子音

最初の子音を「初声」、次に来る母音を「中声」、音節の下に来る子音を「終声」または「パッチム」といいます。この「パッチム」は、次に来る音節の「初声」に移ったり結合するなど、発音の変化において大切な要素です。

「ㅢ」の発音

「ㅢ」の発音は3通りに発音されます。
(1) 語頭では[의]と発音
　　의자 [의자]　椅子　　　의미 [의미]　意味

(2) 語中や語末では[이]と発音
　　회의록 [회이록]　会議録　　호의적 [호이적]　好意的
　　거의 [거이]　ほとんど　　민주주의 [민주주이]　民主主義
　　子音を伴う場合は[ㅣ]と発音
　　무늬 [무니]　模様　　띄어쓰기 [띠어쓰기]　分かち書き

(3) 所有格助詞「〜の」にあたる「의」は［에］と発音
　　　우리의 자세［우리에 자세］　我々の姿勢

「ᅱ」の発音

「ᅱ」が子音を伴う場合は、「ウ」の口構えで「イ」と発音します。
　　　귀　耳　　뒤　後ろ　　쥐　ネズミ

「ᅨ」の発音

(1) 「예, 례」は文字通り［ᅨ］と発音されますが、「예, 례」以外の「혜, 계, 폐」などは［ᅦ］と発音されます。
　　　예의［예이］　礼儀　　　사례［사례］　謝礼
　　　시계［시게］　時計　　　폐지［페지］　廃止

(2) 〜예요（〜です）は［에요］と発音されます。
　　　기자예요［기자에요］　記者です
　　　제 거예요［제 꺼에요］　私のものです

「ᅧ」の発音

「져, 쪄, 쳐」は、それぞれ［저, 쩌, 처］と発音されます。
　　　가져가다［가저가다］　持っていく
　　　쪄 먹다［쩌먹다］　蒸して食べる
　　　다쳤어요［다처써요］　怪我をしました

有声音化

　平音の「ㄱ, ㄷ, ㅂ, ㅈ」は、語頭（単語の初め）では無声音（澄んだ音）[k, t, p, tʃ] で発音しますが、有声音に挟まれると、有声音（濁った音）[g, d, b, dʒ] に変わります。

発音のルール

(1) 母音と母音に挟まれた場合

고기 [ko・ki]　→　[kogi]　肉
마당 [ma・taŋ]　→　[madaŋ]　庭
부부 [pu・pu]　→　[pubu]　夫婦
모자 [mo・tʃa]　→　[modʒa]　帽子

※平音の「ㅅ」、激音や濃音、鼻音や流音は有声音化しません。

(2) 有声音のパッチム「ㄴ, ㄹ, ㅁ, ㅇ」と母音に挟まれた場合

반지 [pan・tʃi]　→　[pandʒi]　指輪
출발 [tʃul・pal]　→　[tʃulbal]　出発
감기 [kam・ki]　→　[kamgi]　風邪
공부 [koŋ・pu]　→　[koŋbu]　勉強

※ただし、同じ条件でも有声音化せず、濃音に変わる場合があります。

パッチムの代表音

ほとんどの子音字はパッチムとして用いますが、その代表音は下の表の①～⑦の内どれかになります。有声音のパッチム「ㄴ, ㄹ, ㅁ, ㅇ」は、唇や舌の位置に注意し、無声音のパッチム「ㄱ, ㄷ, ㅂ」は、口の構えをするだけで破裂させないように気をつけましょう。

代表音	パッチム	例
① ㄴ [n]	ㄴ	산　山
② ㄹ [l]	ㄹ	달　月
③ ㅁ [m]	ㅁ	섬　島
④ ㅇ [ŋ]	ㅇ	강　川
⑤ ㄱ [k]	ㄱ ㅋ ㄲ	국　汁　부엌　台所　밖　外
⑥ ㄷ [t]	ㄷ ㅌ ㅅ ㅆ ㅈ ㅊ ㅎ	곧　すぐ　끝　終わり 옷　服　있다　ある、いる 낮　昼　꽃　花　좋다　良い
⑦ ㅂ [p]	ㅂ ㅍ	집　家　옆　横

2文字のパッチム (キョッパッチム)

(1) 2文字のパッチムは、どちらか片方だけを発音します。「ㄺ, ㄻ, ㄿ」は右側の子音「ㄱ, ㅁ, ㅍ」を発音し、それ以外の2文字のパッチムは左側の子音を発音します。

左側を発音するパッチム	右側を発音するパッチム
ㅐ ㄵ ㄾ ㅀ ㄳ ㄵ ㅀ ㅄ	ㄺ ㄻ ㄿ

「ㄺ」 닭[닥] 鶏　　　　읽다[익따] 読む
「ㄻ」 젊다[점따] 若い　　닮다[담따] 似る
「ㄿ」 읊다[읍따] 吟ずる
「ㄼ」 여덟[여덜] 八つ　　넓다[널따] 広い
「ㄳ」 외곬[외골] 一途
「ㄾ」 핥다[할따] 舐める　훑다[훌따] しごく
「ㅀ」 싫다[실타] 嫌だ　　옳다[올타] 正しい
「ㄳ」 넋[넉] 魂　　　　몫[목] 取り分
「ㄵ」 앉다[안따] 座る　　얹다[언따] 載せる
「ㄶ」 많다[만타] 多い　　끊고[끈코] 切って
「ㅄ」 값[갑] 値段　　　　없다[업따] ない、いない

(2) 2文字のパッチムの後に母音が続くと、左側のパッチムは終声として発音され、右側のパッチムは後続の初声に移って発音されます。(連音化(2)を参照)

젊어요[절머요] 若いです　　넓은[널븐] 広い〜

(3) 2文字のパッチムの右側の子音字が「ㄱ, ㅂ, ㅈ」で、その後に初声「ㅎ」が続くと、結合して激音に変わります。(激音化を参照)

밝히다[발키다] 明かす　　넓히다[널피다] 広げる
앉히다[안치다] 座らせる

また、2文字のパッチムの右側の子音字が「ㅎ」で、その後に初声「ㄱ, ㄷ, ㅈ」が続くと、結合して激音に変わります。

잃고[일코] 失って　　　　**괜찮다[괜찬타]** 構わない
싫지요[실치요] 嫌いですよ

(4) 用言語幹の「ㄺ」パッチムは、「ㄱ」の前では左側のパッチムを発音します。

읽고[일꼬] 読んで　　　　**밝게[발께]** 明るく

(5) 「ㄼ」パッチムの単語の中で、「밟다」は例外として右側を発音します。

밟다[밥따] 踏む　　　　**밟고[밥꼬]** 踏んで

連音化

(1) パッチムの後に母音が続くと、パッチムは後続の初声に移って発音されます。

단어[다너] 単語　　　　**길이[기리]** 長さ
밖으로[바끄로] 外へ　　**웃음[우슴]** 笑い
직업[지겁] 職業　　　　**닫아요[다다요]** 閉めます
밥을[바블] ご飯を　　　**낮에[나제]** 昼に

※パッチム「ㄱ, ㄷ, ㅂ, ㅈ」は、後続の初声に移ってから有声音化します。

(2) 2文字のパッチムは、後に母音が続くと、左側のパッチムは終声として発音され、右側のパッチムは後続の初声に移って発音されます。

읽어요[일거요] 読みます　　**앉아요[안자요]** 座ります

(3) パッチム「ㅇ」の後に母音が続くと、その母音は鼻濁音になります。

종이[종이] 紙　　　　**중앙[중앙]** 中央

(4) 「ㅎ」パッチムの後に母音が続くと、「ㅎ」は発音されません。

좋아요[조아요] 良いです　　**많아요[마나요]** 多いです

発音のルール

ㅎ音の弱音化

パッチム「ㄴ, ㄹ, ㅁ, ㅇ」の後に続く初声の「ㅎ」は、自然の速さで発音すると[ㅎ]が弱く発音されるか、ほとんど発音されないこともあります。しかし、正確にゆっくり発音すると[ㅎ]は発音されます。

전화 [전화 / 전와 → 저놔]　電話
신호 [신호 / 신오 → 시노]　信号
결혼 [결혼 / 결온 → 겨론]　結婚
실화 [실화 / 실와 → 시롸]　実話
범행 [범행 / 범앵 → 버맹]　犯行
남향 [남향 / 남양 → 나먕]　南向き
공항 [공항 / 공앙]　空港
영화 [영화 / 영와]　映画

※本書では、原則としてㅎ音の弱音化は表記していません。

激音化

平音の「ㄱ, ㅂ, ㅈ」「ㄷ」は、その前後の子音が「ㅎ」の場合、その「ㅎ」と結合して、激音[ㅋ, ㅍ, ㅊ, ㅌ]と発音されます。

ㄱ + ㅎ → ㅋ　　**축하** [추카]　祝賀
ㅂ + ㅎ → ㅍ　　**급행** [그팽]　急行
　　　　　　　　　넓히다 [널피다]　広げる
ㅈ + ㅎ → ㅊ　　**잊히다** [이치다]　忘れられる
　　　　　　　　　앉히다 [안치다]　座らせる
ㄷ + ㅎ → ㅌ　　**맏형** [마텽]　長兄
　　　　　　　　　못하다 [몯하다 → 모타다]　できない
　　　　　　　　　꽃하고 [꼳하고 → 꼬타고]　花と

139

| ㅎ | + | ㄱ | | ㅋ | 그렇게[그러케]　そのように
싫고[실코]　嫌いで
| ㅎ | + | ㄷ | → | ㅌ | 좋다[조타]　良い
많다[만타]　多い
| ㅎ | + | ㅈ | | ㅊ | 좋지만[조치만]　良いが
많지만[만치만]　多いが

流音化

(1) 「ㄴ」は流音「ㄹ」の前後では[ㄹ]と発音されます。

| ㄴ | + | ㄹ | → | ㄹ | + | ㄹ |　연락[열락]　連絡
　　　　　　　　　　　　　　　　권리[궐리]　権利
　　　　　　　　　　　　　　　　언론[얼론]　言論

| ㄹ | + | ㄴ | → | ㄹ | + | ㄹ |　설날[설랄]　元日
　　　　　　　　　　　　　　　　일년[일련]　1年
　　　　　　　　　　　　　　　　실내[실래]　室内

(2) パッチム「ㄴ」で終わる単語に、「ㄹ」で始まる接尾辞が付いた漢字語は[ㄹ+ㄹ]と発音されず、[ㄴ+ㄴ]と発音されます。

판단-력[판단녁] 判断力　　**이원-론[이원논]** 二元論
자본-론[자본논] 資本論　　**생산-량[생산냥]** 生産量

鼻音化

(1) [ㄱ, ㄷ, ㅂ]と発音されるパッチムの後に鼻音の「ㄴ, ㅁ」が続くと、[ㄱ, ㄷ, ㅂ]の発音は、それぞれ鼻音の[ㅇ, ㄴ, ㅁ]に変わります。

| ㄱ | + | ㄴ / ㅁ | → | ㅇ | + | ㄴ / ㅁ |　작년[장년]　昨年
　　　　　　　　　　　　　　　　　　부엌문[부억문 → 부엉문]　台所のドア

| ㄷ | + | ㄴ / ㅁ | → | ㄴ | + | ㄴ / ㅁ |　옛날[옌날 → 옌날]　昔
　　　　　　　　　　　　　　　　　　꽃말[꼳말 → 꼰말]　花言葉

ㅂ + ㄴ/ㅁ → ㅁ + ㄴ/ㅁ　입니다[임니다] 〜です
　　　　　　　　　　　앞문[압문 → 암문] 表門

(2) 流音「ㄹ」の鼻音化
　　パッチム「ㅁ」「ㅇ」の後に続く初声「ㄹ」は、鼻音「ㄴ」に変化します。

　　ㅁ + ㄹ → ㅁ + ㄴ　심리[심니] 心理
　　　　　　　　　　　음료수[음뇨수] 飲料水

　　ㅇ + ㄹ → ㅇ + ㄴ　능력[능녁] 能力
　　　　　　　　　　　동료[동뇨] 同僚

　　また、[ㄱ, ㄷ, ㅂ]と発音されるパッチムの後に続く初声「ㄹ」は、鼻音[ㄴ]に変わり、さらに前の終声[ㄱ, ㄷ, ㅂ]も、鼻音[ㅇ, ㄴ, ㅁ]に変わります。

　　ㄱ + ㄹ → ㄱ + ㄴ → ㅇ + ㄴ　국립[국닙 → 궁닙] 国立
　　ㄷ + ㄹ → ㄷ + ㄴ → ㄴ + ㄴ　몇 리[몃니 → 면니] 何里
　　ㅂ + ㄹ → ㅂ + ㄴ → ㅁ + ㄴ　협력[협녁 → 혐녁] 協力

口蓋音化

(1) パッチム「ㄷ」「ㅌ」は、その後に母音「이」が続くと、[디][티]ではなく、それぞれ[지][치]と発音されます。
　　굳이 [구지]　敢えて　　해돋이[해도지]　日の出
　　같이 [가치]　一緒に　　밭이[바치]　畑が

(2) パッチム「ㄷ」の後に「히」が続くと、激音化によって変わった[티]が[치]と発音されます。
　　굳히다[구티다 → 구치다]　固める
　　닫히다[다티다 → 다치다]　閉まる、閉ざされる

濃音化

(1) ［ㄱ, ㄷ, ㅂ］と発音されるパッチムの後に続く平音「ㄱ, ㄷ, ㅂ, ㅅ, ㅈ」は、それぞれの濃音［ㄲ, ㄸ, ㅃ, ㅆ, ㅉ］で発音されます。パッチムの音を破裂させず息を止めた状態で発音すれば、自然と濃音の発音になります。

ㄱ ＋ 平音 → 깍두기［깍뚜기］ カクテギ（大根キムチ）
　　　　　　걱정［걱쩡］ 心配
　　　　　　닭고기［닥고기 → 닥꼬기］ 鶏肉

ㄷ ＋ 平音 → 숟가락［숟까락］ スプーン
　　　　　　젓가락［젇가락 → 젇까락］ 箸
　　　　　　꽃밭［꼳받 → 꼳빧］ 花畑
　　　　　　있다［읻다 → 읻따］ ある、いる

ㅂ ＋ 平音 → 접시［접씨］ 皿
　　　　　　옆집［엽집 → 엽찝］ 隣の家
　　　　　　없다［업다 → 업따］ ない、いない

(2) 未来連体形に続く平音の濃音化
未来連体形「-ㄹ/을」の後に続く平音「ㄱ, ㄷ, ㅂ, ㅅ, ㅈ」は、濃音で発音されます。

만날 사람［만날싸람］ 会う人
찾을 거예요［차즐꺼에요］ 探すつもりです
갈 수 있어요［갈쑤이써요］ 行けます

なお、「-ㄹ/을」が付く語尾の場合も、続く平音は濃音で発音されます。

고칠게요［고칠께요］ 直しますね
늦을지도［느즐찌도］ 遅れるかも

(3) 漢字語の「ㄹ」パッチムに続く平音の濃音化
漢字語において、「ㄹ」パッチムの後に続く平音「ㄷ, ㅅ, ㅈ」は濃音で発音されます。

発音のルール

발달[발딸] 発達　　　　절대[절때] 絶対
결심[결씸] 決心　　　　실습[실씁] 実習
출장[출짱] 出張　　　　실제[실쩨] 実際

(4) 前の単語が連体格の機能をもつ合成語などは、前の単語のパッチムが「ㄴ, ㄹ, ㅁ, ㅇ」の場合、後に続く単語の初声は濃音で発音される傾向があります。

손-가락[손까락] 手の指　　안-방[안빵] 奥の間
물-고기[물꼬기] 魚　　　　달-밤[달빰] 月夜
잠-자리[잠짜리] 寝床　　　밤-길[밤낄] 夜道
종-소리[종쏘리] 鐘の音　　강-가[강까] 川辺

(5) 用言の語幹のパッチムが[ㄴ, ㅁ]と発音される場合、この後に続く平音は濃音で発音されます。

신다[신따] 履く　　　　앉고[안꼬] 座って
남다[남따] 残る　　　　젊지만[점찌만] 若いが

(6) 以下の漢字は第二音節以降に用いられると、発音が濃音に変わることがあります。

~가　価　주가[주까]　株価　　물가[물까]　物価
~과　科　치과[치꽈]　歯科　　영문과[영문꽈]　英文科
~건　件　사건[사껀]　事件　　용건[용껀]　用件
~권　券　여권[여꿘]　旅券　　입장권[입짱꿘]　入場券
~자　字　한자[한짜]　漢字　　문자[문짜]　文字
~점　点　문제점[문제쩜]　問題点
　　　　종점[종쩜]　終点
~증　証　신분증[신분쯩]　身分証
　　　　학생증[학쌩쯩]　学生証
　　　　※영수증[영수증] 領収証　は濃音化しません。
~증　症　합병증[합뼝쯩]　合併症
　　　　공포증[공포쯩]　恐怖症

~격　格　　인격[인격]　人格　　성격[성격]　性格
~성　性　　인간성[인간썽]　人間性
　　　　　　가능성[가능썽]　可能性
　　　　　　※개성[개성]個性、양성[양성]陽性など、1音節の語に付く場合は濃音化しません。
~법　法　　국제법[국쩨뻡]　国際法
　　　　　　문법[문뻡]　文法
　　　　　　※방법[방법]方法、사법[사법]司法などは濃音化しません。

(7) 慣例的に濃音で発音される場合

表記どおりの発音が標準発音であるにもかかわらず、濃音で発音される傾向が、主に外来語で見られます。

버스[뻐스]　バス　　사이즈[싸이즈]　サイズ
가스[까스]　ガス　　달러[딸러]　ドル

ㄴ音の添加

(1) 主に合成語や連続した単語をひとまとまりで発音する場合、パッチムの後に「이, 야, 여, 요, 유, 애, 예」が続くと、[ㄴ]が添加され「니, 냐, 녀, 뇨, 뉴, 내, 녜」と発音されることがあります。

집안-일　→　집안+ㄴ+일　→　[지반닐]　家事
두통-약　→　두통+ㄴ+약　→　[두통냑]　頭痛薬
다음-역　→　다음+ㄴ+역　→　[다음녁]　次の駅
무슨-요일　→　무슨+ㄴ+요일　→　[무슨뇨일]　何曜日
식용-유　→　식용+ㄴ+유　→　[시쿙뉴]　食用油
무슨-얘기　→　무슨+ㄴ+얘기　→　[무슨내기]　何の話
먼-옛날　→　먼+ㄴ+옛날　→　[먼녠날]　大昔

※[ㄴ]が添加されない場合もあります。

아침-이슬[아치미슬]　朝露
그림-일기[그리밀기]　絵日記

(2) パッチム「ㄹ」の後に［ㄴ］が添加される場合は、流音化して［ㄹ］と発音されます。

볼-일　　→　볼＋ㄴ＋일　→　［볼닐 → 볼릴］　用事

서울-역　→　서울＋ㄴ＋역
　　　　　　　　　　　→　［서울녁 → 서울력］　ソウル駅

올-여름　→　올＋ㄴ＋여름
　　　　　　　　　　　→　［올녀름 → 올려름］　今年の夏

옛날-애기　→　옛날＋ㄴ＋애기
　　　　　　　　　　　→　［옌날내기 → 옌날래기］　昔話

絶音化

一つの単語と、母音で始まるもう一つの単語がくっついて合成語のように用いられる場合、前の単語のパッチムの代表音が後ろの単語の初声に移って発音されることがあります。

맛없다［맏업따 → 마덥따］　まずい
부엌 앞［부억압 → 부어갑］　台所の前
몇 월［면월 → 며둴］　何月
무릎 아래［무릅아래 → 무르바래］　膝の下

長母音について

ハングルの母音は、単語によって長く発音されることがあります。これを長母音と言い、原則として単語の第一音節に表れます。長母音は、ネイティブスピーカーでも意識していない人が多いのですが、適切に発音するとより韓国語らしい発音になり、相手にも伝わりやすくなります。長母音は、通常、表記されませんが、本書では、文字の上には「￣」を、発音表記には「：」を用いて、長母音を表しています。

アクセントについて

　韓国語はアクセントによって意味が変わることはなく、韓国語の標準語規定にはアクセントに関する項目はありません。韓国語のアクセントは音の高低（pitch）ではなく、強勢（stress）を意味しますが、その強勢と母音の長短で韓国語固有のリズムを作り出します。そのリズムを身につけることにより、自然できれいな発音で読んだり話したりすることができるようになります。助詞をつけて発音してみると、アクセントが表れるのがはっきりと分かります。（例：사람이 人が　어디에 どこに）

　以下にアクセントの主なルールをまとめましたので、発音する際に参考にしてください。

(1) 第一音節にアクセントがある単語
　　①単語の第一音節が長母音である場合
　　　사:람　人　　오:후　午後　　언:제　いつ
　　②単語の第一音節にパッチムがある場合
　　　얼마　いくら　　일본　日本　　생선　魚
　　③第二音節の初声が濃音か激音である場合
　　　어깨　肩　　기쁘다　嬉しい　　아침　朝　　김치　キムチ

(2) 第二音節にアクセントがある単語
　　第一音節が長母音ではなく、パッチムがない場合
　　　사랑　愛　　어디　どこ　　마음　心
　　　아버지　お父さん　　누구　だれ

(3) 濃音や激音が連続する場合、最後の濃音や激音のすぐ前の音節にアクセントがあります。
　　　코끼리　象　　꾀꼬리　ウグイス　　아파트　アパート

◆長母音とアクセントについての参考文献
　　標準国語大辞典（2008）〈国立国語院〉
　　韓国語標準発音辞典（2004）イ・ヒョンボク　〈ソウル大学出版部〉
　　標準韓国語発音辞典（2008）
　　　イ・ジュヘン、イ・ギュハン、キム・サンジュン　〈地球文化史〉

著者
張銀英（チャン・ウニョン）
　　韓国生まれ。梨花女子大学卒業。
　　東京大学、津田塾大学講師。NHK テレビ・ラジオハングル講座講師。
　　著書に『改訂版 韓国語レッスン初級Ⅰ・Ⅱ』『通訳メソッドを応用した シャドウイングで学ぶ韓国語短文会話 500』（以上スリーエーネットワーク）、『韓国語基本単語 2000』（語研）など。
　　ドラマ翻訳に「冬のソナタ」「美しき日々」「オールイン運命の愛」「宮廷女官チャングムの誓い」など。

CD 吹き込み
　　イ・サンヒョプ（アナウンサー）　キム・ユンジ（アナウンサー）

本文校正
　　株式会社　アル

装丁・本文デザイン
　　コウ・タダシ（mojigumi）

DTP
　　有限会社　P.WORD

マルチリンガルライブラリー

名作の朗読で学ぶ　美しい韓国語　発音と読解

2011 年 3 月 14 日　初版第 1 刷発行

著　者　　張銀英（チャン ウニョン）
発行者　　小林卓爾
発　行　　株式会社　スリーエーネットワーク
　　　　　〒 101-0064　東京都千代田区猿楽町 2-6-3（松栄ビル）
　　　　　電話　営業　03（3292）5751
　　　　　　　　編集　03（3292）6521
　　　　　http://www.3anet.co.jp/
印　刷　　萩原印刷株式会社

不許複製　　　　　　　ISBN978-4-88319-559-6　C0087
落丁・乱丁本はお取替えいたします。

[改訂版] 韓国語レッスン初級 I
金東漢・張銀英 著 B5判 170頁 2,520円〔978-4-88319-258-8〕

[改訂版] 韓国語レッスン初級 II
金東漢・張銀英 著 B5判 195頁 2,520円〔978-4-88319-266-3〕

[改訂版] 韓国語レッスン初級 I CD
CD 3枚入り（各50〜60分）2,940円〔978-4-88319-259-5〕

[改訂版] 韓国語レッスン初級 II CD
CD 3枚入り（各50〜60分）2,940円〔978-4-88319-267-0〕

韓国語レッスン初級 I 問題集
金東漢 著 B5判 84頁＋解答32頁 CD 1枚付 1,575円〔978-4-88319-338-7〕

韓国語レッスン初級 II 問題集
金東漢 著 B5判 64頁＋解答32頁 CD 2枚付 2,100円〔978-4-88319-443-8〕

マルチリンガルライブラリー

● リスニング・スピーキングに最適！
通訳メソッドを応用した
シャドウイングで学ぶ韓国語短文会話 500
張銀英 [著]
A5判 227頁 CD 2枚付 2,310円〔978-4-88319-444-5〕

● 好評既刊『ひとりで学べる！ 韓国語楽々スタート』の続編
ひとりで学べる！
韓国語中級楽々ステップアップ
奉美慶 [監修] 中村克弥 [著]
A5判 222頁 CD 1枚付 2,310円〔ISBN978-4-88319-458-2〕

● 辞書よりも詳しい解説と豊富な例文
韓国語文法
語尾・助詞辞典
李 姫子・李 鍾禧 [著] 五十嵐孔一・申 悠琳 [訳]
A5判 787頁 4,830円〔978-4-88319-519-0〕

スリーエーネットワーク

すべて税込価格です
http://www.3anet.co.jp/

営業広報部 TEL: 03-3292-5751 FAX: 03-3292-6194